소통하며
발전하는
행복광진

일꾼—
김경호
입니다

김경호 지음

소통하며
발전하는
행복광진

일꾼
김경호입니다

도서출판 답게

추천의 글

김경호 광진구청장님의 자전 에세이
「일꾼 김경호입니다」 발간을 진심으로 축하드립니다.
저에게 구청장님은 언제나 현장에서 답을 찾는 사람으로 기억됩니다.
2006년 서울시 맑은서울추진본부에서 처음 함께했을 때부터,
늘 묵묵히 고민하며 해답을 찾아가는 모습이 깊은 인상을 남겼습니다.
이번 책을 읽으며 다시금 느낀 것은
구청장님께 일은 행정이 아니라, 곧 사람이라는 사실입니다.
구민을 향한 진심, 도시의 미래를 향한 고민이
이 책 한 장 한 장에 고스란히 녹아 있습니다.
서울시와 광진구는 지금 '다시 강북 전성시대'를 향한
같은 목표를 바라보고 있습니다.

그 과정에서 구청장님의 뚝심과 철학은 큰 힘이 되고 있습니다.
광진구가 동북권의 중심도시로 도약하는 길에
이 책 속에 담긴 고민과 열정이 든든한 밑거름이 되리라 믿습니다.
「일꾼 김경호입니다」는 한 공직자의 기록을 넘어,
'좋은 리더십이란 무엇인가'라는 질문을 던집니다.
많은 독자들이 이 책을 통해 구청장님의 철학과 마음을 공감하며,
공직자의 길에 담긴 가치와 광진구의 미래 비전을
함께 느끼시길 바랍니다.

2025년 10월
서울특별시장
오 세 훈

저자의 말

추운 겨울 전라남도 장흥에서 태어난 소년은 부모님과 가족들의 사랑을 자양분으로 삼아 건강한 성인으로 성장하였습니다. 유년 시절 받은 사랑만큼 '내가 하는 일이 더 좋은 세상을 만드는 데 도움이 되어야 한다'는 신념으로 공직생활을 하였습니다.

1989년 4월, 저는 영등포구 건전생활과장을 시작으로 교통, 복지, 문화, 체육, 산업, 환경 등 다양한 행정현장을 경험하였습니다. 30여 년간 공직자로서 겪은 소중한 경험을 바탕으로 현재는 광진구의 일꾼이 되어 구정 발전과 구민의 행복을 위해 최선을 다하고 있습니다.

광진구의 비전을 '소통하며 발전하는 행복광진'으로 삼고 구민 한 분, 한 분의 목소리에 귀 기울이며, 숙원 사업들을 해결하여 더욱 발전하고 변화하는 광진구를 만들기 위해 노력하였습니다.

　소통은 배움의 과정이고, 행정의 힘은 꾸준함에서 나온다고 생각하며 지역 곳곳을 잘 알고 계시는 구민과 현장에서 소통하며 다양한 정책들을 추진하였습니다.

　구민과 함께 걸어온 길에서 배운 정책들을 담아 그동안의 소회와 감사를 전하고자 합니다. 누군가에게는 공직자의 고민을 이해하는 창이 되고, 누군가에게는 지역의 변화를 되돌아보는 기회가 되기를 바라며, 부디 따뜻한 시선으로 읽어주시기를 소망합니다. 감사합니다.

2025년 10월

김정호

차례

PART 1 사람 김경호 이야기

1장 유년과 성장
- 엄격한 아버지, 따뜻한 어머니 • 15
- '착실부장'이라 불리던 소년 • 19
- 성장과 도전, 공직 생활의 시작 • 22

2장 변화와 혁신으로 걸어온 공직의 길
- 인사가 만사다 • 27
- 선례보다 사람을, 규정보다 따뜻한 해석을 • 33
- 자원순환 정책의 출발점 • 36
- 위기의 교훈, 안전 우선 원칙의 시작 • 40
- IMF 시기, 사회 안정을 설계하다 • 43
- 소비자를 정책의 중심에 두다 • 47
- 서울, 세계를 향한 문화의 문을 열다 • 51
- 세계 속에서 다시 본 한국의 행정 • 58
- 쓰레기 매립지, 콘텐츠 도시로 거듭나다 • 64
- 더 빠르고 더 편리하게, 시민의 삶을 바꾸다 • 69
- 숨 쉬는 도시, 맑은 서울을 만들다 • 73

- 서울형 복지, 함께 만드는 미래 • 79
- 깨끗한 물, 다시 마시는 신뢰 • 85
- 시민이 먼저 체감하고, 약자가 먼저 편해야 한다 • 90
- 소통으로 다진 균형의 행정 • 96
- 안정, 혁신, 공공성 가락시장의 변화를 이끌다 • 100

PART 2 광진구정 3년의 성과

1장 균형발전
- 광진 발전의 밑그림, '2040 광진 재창조 플랜' • 112
- 명품 주거지 조성 • 118
- 주차장과 생활 SOC 확충 • 123

2장 상생복지
- 아이와 부모님이 행복한 광진 • 132
- 어르신이 존중받는 광진 • 137
- 장애인에게 힘이 되어주는 광진 • 145
- 1인가구와 함께하는 광진 • 152

3장 경제활력
- 소상공인의 든든한 버팀목 • 161
- 젊은이들도 찾는 전통시장 • 166
- 청년과 함께 만드는 청년정책 • 171

4장 문화교육
- 온 가족이 함께 즐기는 문화생활 • 179
- 청년과 함께 만드는 축제 • 183
- 아차산과 한강공원을 활용한 매력 여가공간 조성 • 188
- 진학부터 평생교육까지 전 생애주기 교육 지원 • 196

5장 안전환경
- 생활쓰레기 주 6일 수거제 • 206
- 원칙과 꾸준한 소통으로 이루어낸 노점 정비 • 210
- 구민 이동 편의를 위한 교통체계 개선 • 219
- 아이 키우기 좋은 안전한 도시, 광진 • 224
- 빈틈없는 재난안전 • 229

6장 열린소통
- 광진구의 새 역사, '종합청렴도 1등급' 달성 • 239
- 동 지역책임제 • 245

PRAT 3 광진의 꿈

- 우리 일상을 지키는 방파제, 지방자치 • 252
- 일하기 좋고, 살기 좋고, 쉬기 좋은 광진 • 257
- 더 많이 가르쳐 주십시오 • 263

> 소통하며
> 발전하는
> 행복광진
> 일꾼 김경호입니다

Part 1

사람
김경호
이야기

1장

유년과 성장

(1959년 12월~1989년 4월)

엄격한 아버지,
따뜻한 어머니

―― 1959년 겨울, 눈 덮인 고요한 마을, 전라남도 장흥군 용산면 접정리의 한 가정에서 나는 세상에 태어났다. 부모님은 각각 영광김가와 김해김가 출신으로, 아버지는 9남매의 맏이, 어머니는 8남매의 맏이셨다. 어릴 적 집에는 늘 삼촌, 고모, 외삼촌, 이모들로 북적였다. 이렇듯 나와 형제 3명(2남 2녀)은 가족 간의 정이 넘치는 환경에서 자랐다.

아버지는 1936년생으로 목포상업고등학교를 졸업하신 후 군에 입대하셨다. 입대 전, 건강이 좋지 않으셨던 증조할아버지의 뜻에 따라 고등학교 3학년 재학 중에 결혼하셨다. 어머니는 1935년생으로 장흥군 관산면 관산초등학교를 졸업하셨다. 그 시절 많은 어머님들과 누이들이 그러했듯이, 어머니 역시 학업보다는 가

족을 먼저 품으셨고, 동생들을 돌보며 살아가셨다. 비록 배움의 길은 짧았지만, 살림과 자식 교육에 있어서는 누구보다 현명하고 강한 분이셨다.

내가 일곱 살이 될 무렵, 아버지가 경찰관 시험에 합격하시고 해남경찰서에 발령받기 전까지 고향에서 자랐다. 어린 맏손자라서 할아버지와 한상에서 식사하며 그 당시에는 귀하였던 고기와 김을 먹었다. 그런 나를 부러워하셨던 삼촌과 고모의 모습은 아직도 나를 미소 짓게 한다. 용산 친가에서 할아버지께서 나를 업고 버스를 타고 관산읍 지정리의 외할아버지를 만나러 가실 때의 창문 밖 풍경은 아직도 생생하다. 할아버지께서는 어릴 적 나를 "깡치"라고 부르시며 소나무의 괭이처럼 단단하게 자라길 기원해 주셨다.

해남으로 이사한 후 아홉 살에 해남동초등학교에 입학했다.

당시 아버지는 광주로 발령받아 나를 광주 소재의 초등학교에 입학시키려 하셨으나 여의치 않아, 결국 해남에서 초등학교를 다니게 되었다. 해남동초등학교 1학년 때 실시된 학력 평가 시험에서 전교 1등을 차지하여 학교 어린이 신문에 소개된 일이 있었다. 그후 아마도 아버지께서는 나에게 큰 기대를 품으셨던 것 같다.

아버지는 예절을 중시하셔서, 이웃 어르신께 인사를 하지 않거나 담을 넘는 행동 등을 보이면 엄격하게 꾸짖으셨다. 반면 어머니께서는 어릴 적 입이 짧아 적게 먹어 깡마른 내가 조금이라도 더 잘 먹도록 늘 애쓰셨고, 공부와 숙제를 도와주시며 아버지께 혼날 때면 항상 내 편이 되어주셨다.

초등학교 2학년 때 아버지께서 해남군 송지면 어란리 경찰지서로 발령 나셔서 한 달간 어란초등학교에 다녔다. 그 당시 경찰

▲ 해남동초등학교 제61회 졸업식

관사에서 생활하며 바로 앞의 백사장과 바다에서 동급생들과 함께 조개도 줍고 배도 타는 등 색다른 경험을 할 수 있었다. 이후 아버지의 근무지가 송지면 산정리 산정지서로 바뀌면서 2학년을 그곳에서 마쳤다.

그때 해남군 교육청 주관 어린이 글짓기 대회에 학교 대표로 참여해 최우수상을 받은 기억이 난다. '버스 타고 해남 서림의 향교에 왔는데, 우수상 받아서 엄마, 아빠에게 갈게요'라는 기행문 형식의 편지글을 썼고, 결과적으로 심사위원들께서 그 내용을 그대로 실현시켜 주셨다.

"심사위원님들 감사합니다."

아버지를 따라 3학년 때 해남동초등학교로 다시 전학하여 제61회 졸업생이 된 후 해남중학교에 입학했다.

'착실부장'이라
불리던 소년

── 중학교 1학년 때, 교내 달리기 대회에서 먼 거리를 완주하여 어머니께서 무척 대견해하셨던 기억이 난다. 1학년 여름방학 기간 중 광주에 있는 전남중학교로 전학해 졸업했고, 추첨으로

배정받은 광주 사레지오고등학교에서 고등학생 시절을 보냈다.

그 시절 나는 '착실부장'이라는 별명을 얻을 정도로 조용하고 성실하게 생활했다. 그리고 가톨릭 계열의 교풍 속에서 아침 명상시간에 자주 들었던 '차려면 얼음처럼 차갑고, 뜨거우려면 불같이 뜨거워라. 뜨뜻미지근한 자는 아무 데도 들지 못한다'는 말씀은 아직도 내 마음속에 깊이 새겨져 있다.

3학년 때 친구와 함께 서울의 학원에서 대학 입시를 준비했다. 그러나 예비고사 성적이 기대에 미치지 못했고, 부모님의 경제적 부담과 커가는 동생들을 고려해 전남대학교에 진학하기로 결정했다. 당시 아버지는 의과대학 진학을 강하게 권유하셨고, 나는 법과대학을 희망했으나 결국 타협하여 상과대학에 진학하게 되었다.

상과대학에서 선배님들의 사랑을 받으며 즐겁게 지냈다. 하지만 학업에 소홀한 나의 모습에 부모님의 걱정은 점점 커져만 갔다. 3학년을 마친 후, 더 이상 놀기만 해서는 안 되겠다는 생각에 신체검사를 받았다. 당시 몸무게 42kg에 시력도 좋지 않았음에도 불구하고 현역 입영대상자 판정을 받았다. 나중에 알게 된 사실이지만, 아버지의 "경호, 사람 만들어야겠다."는 의지와 노력이 반영된 결과였다.

성장과 도전, 공직 생활의 시작

—— 1982년 5월, 아버지께서 훈련받으셨던 논산훈련소에 입소하여 기초훈련을 받고, 아버지께서 후반기 교육을 받으셨던 부산의 병기학교 옆 병참학교에서 후반기 교육을 받았다. 교육이 끝날 무렵, 아버지와 어머니께서 면회를 오셨던 기억이 아직도 생생하다.

'인제 가면 언제 오나 원통해서 못살겠네'라고 하는 강원도 인제군 원통에서의 힘든 군 생활은 가족의 고마움과 가정의 따스함을 온몸과 마음으로 느낄 수 있게 한 소중한 시간이었다. 42kg이었던 몸무게는 68kg으로 늘어나, 마치 바위도 깰 것 같은 기운과 건강을 회복할 수 있었다.

나보다 먼저 입대한 가장 친했던 친구는 휴가 가는 길에 항상

나를 면회한 후 집으로 가곤 했다. 그 친구가 행시 1차에 합격한 후 나에게도 행시 공부를 권유하였다. 1984년 7월, '남자라면 한 번 겪을 만하다'는 생각으로 군대를 제대하였다. 하지만 누구나 그렇듯 제대 후 한동안 다시 입대하는 꿈을 꿨고, 잠에서 깨어 안도의 한숨을 쉬곤 했다.

    1985년 3월, 전남대학교 경영대학 경영학과에 복학한 후 나는 행정고시 공부에 매진했다. 그 과정에서 좋은 선배님들과 후배님들을 만나, 공부 방법과 생활 태도 등에서 많은 가르침을 받았고 지금도 감사한 마음을 갖고 있다. 1986년 1차 시험, 1987년 2차 및 3차 시험에 합격하면서 오랜만에 부모님께 효도했다는 뿌듯한 마음과 함께 큰 성취감을 맛보았다.

    1988년에는 과천에 위치한 중앙공무원교육원에서 1년여의 연수를 받았다. 연수 중 '88 올림픽 기간 동안 올림픽 조직위원회

▲ 전남대학교 졸업식

▲ 합격증서 수여식

를 돕기 위해 파견되었던 기억이 남아 있다. 강동구청에서 현장 연수를 마치고 영등포구청 건전생활과장으로 공직 생활을 시작했다.

발령통지서

( )

(발령사항)

(직 급) 행정사무관 (성 명) 김경호

서울특별시 지방공무원 전출을 명함

1989 년 4 월 20 일

대 통 령

위와같이 발령되었기 알려드립니다.

1989 년 4 월 20 일

총 무 처 장 관

2장

변화와 혁신으로
걸어온 공직의 길

(1989년 4월~2021년 12월)

인사가 만사다

영등포구 건전생활과장, 문화공보실장
(1989년 5월~1991년 4월)

—— 1989년 5월, 나는 영등포구 건전생활과장으로 정식 근무에 임하게 되었다. 지금은 구청의 직제에서 없어졌지만, 건전생활과는 생활체육업무를 담당하는 조직이었다. 공원에 테니스장을 만들고 당구장을 대상으로 내기 당구를 단속했던 일이 생각난다. 그 시절 당구장은 공공질서 유지와 청소년 보호 차원에서 단속 대상이기도 했다. 사무실에서 나보다 어린 분은 생활체육지도사 2분과 문서 처리를 도와주던 분 등 모두 3명뿐이었다. 다른 분들은 모두 나보다 연장자였다.

건전생활과장으로 근무하면서 나는 사무실에서는 물론이고, 사무실 밖에서도 누구에게나 인사하는 데 진심이었다. 복도에 나가 누군가가 보이면 먼저 인사하였다. 화장실에 가기 전에 인사

하고, 일 보고 난 뒤에도 그대로 있으면 다시 인사하였다. 처음에는 나의 인사를 받아주지 않던 직원분들이 점차 나의 인사를 받아주기 시작하였다.

그렇게 모두가 나의 인사를 받아주던 무렵에 총무과장님께서 나를 보자고 하셨다. 무슨 일인가 하고 갔더니, "과장님이 새로 부임해 와서 구청 분위기가 좋아졌다."고 하셨다. 이어서 "과장님께서 인사를 무척 잘한다고 직원들이 다들 좋아한다."고 하시면서 "그래도 과장인데 먼저 인사하는 것은 조금 삼가면 어떻겠냐"고 말씀하셨다. 나는 총무과장님께 "과장님 좋은 말씀 감사합니다. 그렇지만 인사는 먼저 보는 사람이 하는 것이 맞다고 생각합니다. 앞으로도 지금처럼 열심히 인사하겠습니다."라고 말씀드렸다. 그랬더니 "과장님의 소신이 그러하시다면 잘 알겠습니다."라고 하셨다.

한참 후에 총무과장님도 서울시의 국장으로 승진하시고 나도 국장으로 승진한 후에 만나서 하시는 말씀이 "김 국장은 인사를 잘해 승진도 빨리했다."고 하셨다.

내가 인사를 잘하는 이유는 아버지의 말씀에 따른 것이었다. 경찰공무원으로 평생 우리 형제들을 키워주신 아버지께서 나에게 "이제 근무를 시작하면 같이 근무하는 분들이 거의 너보다 나이가 많을 텐데, 인사 잘하고 늘 말조심해라."고 말씀해 주셨다. 나는 이 말씀을 잘 지켜 같이 근무하는 분들의 신임을 받았고 그 덕에 승진도 빨리했다고 믿는다.

"아버지 감사합니다."

나는 이러한 말을 지금까지도 새로 만나는 후배들에게 말해

주고 있다. "인사는 만사입니다. 인사는 사람 간의 기본예절이고, 직급으로 하는 것이 아니라 먼저 본 사람이 먼저 하는 것이 인사입니다."

구정 홍보지 「새소식」 창간 : 주민과의 소통 창구 마련

1989년 12월, 나는 신설된 문화공보실장으로 임명되었다. 당시 영등포구는 급격한 도시화 속에서 행정과 문화의 균형을 맞추는 것이 중요한 과제였다. 새로운 조직을 안정적으로 운영하는 동시에, 지역 사회에 활력을 불어넣을 방법을 모색해야 했다. 행정은 단순한 관리가 아니라, 문화와 예술을 통해 지역사회와 소통하는 역할을 해야 한다고 생각했다. 그래서 문화공보실장으로서 첫 과제는 구민과의 연결고리를 만드는 것이었다.

당시 구정 홍보지인 '반상회보'는 주민들에게 구정 정보를 효과적으로 전달하는 데 한계가 있었다. 나는 보다 쉽고 친숙한 방식이 필요하다고 생각했다. 그렇게 탄생한 것이 바로 전문적인 구정 홍보지인 「새소식」이었다. 구민들이 행정 정보를 쉽게 이해하고 관심을 기울일 수 있도록 생활정보와 지역 문화 소식을 담았다. 단순한 행정 소식지가 아닌 지역 내 소통의 중심 역할을 하기 바랐다.

▲ 「새소식」을 보고 계신 구민분들

　예산 확보가 가장 큰 과제였지만, 김진호 구청장님의 지원 아래 관내 기업들의 협력을 받아 발간 재원을 마련했다. 이러한 노력 때문에 남부 서울의 뿌리 영등포 「새소식」은 매월 한 번씩 정기적으로 발행될 수 있었다. 구민들에게 유익한 정보를 제공하며 구정 홍보와 소통의 새로운 전환점을 마련했다.

　이 글을 쓰다 보니 매월 정기적으로 신문 발간을 위해 직원들과 함께 밤새며 교정에 힘썼던 일, 세계일보 사옥에서 세계일보를 모두 인쇄하고 난 뒤에 「새소식」을 인쇄하는 새벽 3~4시까지 기다렸던 일들이 주마등처럼 흘러간다. 그런 날은 아침 일찍 집에 들러 옷만 갈아입고 바로 출근했다.

　첫 발간 후, 많은 구민 여러분께서 "이제야 구정이 어떤 방향으로 가고 있는지 알 수 있다."라며 긍정적인 반응을 보여주셨다.

특히 어르신들께서는 "신문을 통해 지역 소식을 접할 수 있어 도움이 된다."라고 말씀하셨다. 그러나 내가 서울시로 발령된 후, 외부 자원 확보의 어려움으로 인해 발간이 중단되었다는 소식을 접했다. 아쉬움이 컸지만 「새소식」은 구정 홍보의 새로운 가능성을 열었고, 소통을 위한 다양한 시도의 기반이 되었다. 그래서 나는 지금도 우리 광진구의 소식지 '아차산메아리'를 발행하기 전, 꼭 필요한 정보가 빠짐없이 담겼는지, 읽기 쉽고 보기 편한지 하나하나 꼼꼼히 살펴보게 된다.

선례보다 사람을,
규정보다 따뜻한 해석을

서울시 사회과 생활보호계장
(1991년 4월~1993년 7월)

―― 30년 공직 생활을 지나온 지금도, 잊히지 않는 장면이 하나 있다. 1991년, 서울시 생활보호계장으로 일하던 시절이었다. 난지도 매립지에서 화재가 발생했고, 이재민들에게 라면과 구호품을 나눠드리던 중이었다. 그때 한 이재민이 말했다.

"밥을 주지, 왜 라면만 주냐."

그 말에 마음이 무거웠다. 다음날 식사를 어떻게 준비할지 고민하던 중, 대한적십자사의 빨간 밥차가 현장에 도착했다. 그날의 밥 한 끼는 단순한 구호가 아니라, 행정이 미처 닿지 못한 마음을 따뜻하게 메워준 순간이었다.

1991년 5월, 서울시 사회과 생활보호계장으로 발령을 받았다.

생활보호계는 서울시의 저소득시민(당시에는 생활보호대상자라고 하였다.)의 생활을 보호하는 업무와 이재민 구호 업무를 총괄하는 부서였다. 사실상 사회과 업무의 가장 많고도 중요한 부분을 담당하였다.

가급적 도움이 되는 쪽으로 생각하자. 내가 하는 일이 더 좋은 세상을 만드는 데 도움이 되어야 한다.

당시 서울시의 쓰레기는 난지도에 매립하는 방식으로 처리했다. 난지도 매립장에는 가건물을 지어 생활하면서 쓰레기를 재활용하는 분들이 거주하고 계셨는데, 온갖 쓰레기가 십 년 이상 켜켜이 쌓인 매립장에서 발생하는 가스로 인해 가끔 화재가 발생하였다.

어느 날 화재가 발생해 난지도 매립장을 담당하는 계장님이

▲ 1992년 난지도 화재현장 (출처:서울시 아카이브 https://archives.seoul.go.kr/)

사무실로 찾아와 이재민 구호를 위한 예산을 요청했다. 화재로 인해 발생하는 이재민 구호는 생활보호계의 업무인데, 재해구호기금 담당 주임께서 지원할 수 없다고 했다. 난지도 매립장은 청소과에서 관리하는 시설이므로 민간의 재해를 지원하기 위한 재해구호기금으로는 지원할 수 없다는 것이었다. 그리고 지금까지 한 번도 지원한 전례가 없다고도 하였다.

나는 민간이든 공공이든 이재민이 발생하면 구호해야 한다는 생각으로 담당 주임께 공공기관의 재해에는 지원할 수 없다는 근거를 찾으라고 했다. 근거가 없으면 지원하는 것이 마땅하다고 했고, 한참 검토한 후에 그때부터 난지도의 화재로 인한 이재민에게도 재해구호기금을 사용하게 되었다.

법에서 명시적으로 금지하는 규정이 있지 않으면, 비록 선례가 있다 하더라도 그것을 변경할 수 있는 쪽으로 해석하여 보다 유연한 행정이 되도록 했다. 이러한 생각은 평생 나의 기본 인식이 되었다. '내가 하는 일로 더 좋은 세상이 되었으면 좋겠다.' 하는 생각으로 일했다.

자원순환 정책의 출발점

서울시 청소사업본부 작업2과장
(1993년 7월~1994년 7월)

—— 1993년 7월, 서울시 청소사업본부 작업2과장으로 발령을 받았다. 당시 서울시는 빠른 도시화와 인구 증가로 인해 쓰레기 처리 문제가 심각한 사회적 이슈로 대두되고 있었다. 특히 15년간 서울시의 쓰레기 처리를 맡았던 난지도가 공식적으로 사용 종료됨으로써 쓰레기 처리 문제가 시급하고도 중요한 과제로 떠오른 시점이었다. 서울시는 친환경적이고 지속 가능한 쓰레기 처리 방법을 모색해야 할 필요성을 느꼈다.

재활용 시스템 확립과 자원 순환 정책 추진

쓰레기 문제를 근본적으로 해결하기 위해서는 폐기물 발생을 줄이고 재활용을 활성화하는 것이 가장 중요했다. 1994년 중구, 성북구, 송파구 3개구에 쓰레기 종량제 시범사업을 도입하였다. 쓰레기 종량제는 쓰레기를 버리는 양에 따라 처리비용을 부담하게 하는 제도로 쓰레기 발생량을 줄이기 위해 고안되었다. 5리터, 10리터 등 가격이 다른 몇 가지 쓰레기봉투를 만들었다. 시민들께서 쓰레기 줄이기의 필요성을 이해하고 시범사업에 적극 참여해 주신 덕분에 쓰레기 배출량이 대폭 감소하는 등 기대 이상의 효과를 거두었다. 쓰레기 종량제는 1995년부터 전국 시군구로 확대 실시되었다.

쓰레기 분리배출 제도의 도입

쓰레기 종량제의 도입만큼 중요한 과제는 재활용품 분리배출 등 시민들의 적극적인 참여를 이끌어내는 일이었다. 나는 서울시 청소사업본부의 작업2과장으로서 시민들에게 분리배출의 필요성을 적극적으로 홍보하였다.

특히 가정과 사업장에서 올바른 분리배출이 이루어질 수 있도록 아파트 단지를 돌면서 쓰레기 투입구를 폐쇄하고 분리배출의 필요성과 방법을 홍보하거나, 텔레비전 광고를 제작하여 방영하는 등 시민들의 인식 변화를 이끌어내는 데 중점을 두었다. 또한 과대포장 줄이기, 1회용품 사용 안 하기, 장바구니 들고 다니기 등 시민들이 생활에서 실천 가능한 활동들을 제시하였다.

이러한 재활용 정책들은 쓰레기 수수료 종량제와 더불어 재활용품 분리배출 확대에 큰 역할을 하였다. 시민들에게 정확한 분리배출 방법을 안내하고, 분리배출된 재활용품은 수수료 없이 종량제 쓰레기와 별도로 수거하도록 하여 시민들의 적극적인 참여를 이끌어냈던 것이다. 쓰레기 종량제가 전격 시행되면서 우리나라의 쓰레기 처리정책은 일약 세계적 관심사가 되었다. 그전에는 일본에 가서 소각 위주의 쓰레기 처리정책을 배웠지만 종량제 도입 이후에는 재활용을 비롯한 우리나라의 쓰레기 처리정책을 일본을 비롯한 여러 나라에서 배우러 왔다.

효율적인 청소 시스템 구축

당시 서울시는 쓰레기 수거 시스템이 체계적으로 운영되지 않고 있었다. 나는 배출원별, 지역별 쓰레기 배출량을 분석하여 보다 효율적인 청소 시스템을 도입하는 데 주력하였다. 늘어난 시민들의 분리배출 참여에 맞춰 쓰레기 수거체계 정비, 자원회수시설(소각시설) 등 첨단 청소 관련 시설 확대를 통해 신속하게 재활용품 및 쓰레기를 수거하여 시민의 불편을 최소화하고자 하였다.

  그 과정에서 무엇보다 중요한 것이 시민들의 의견을 수렴하고 거기에 맞춰 정책을 실효성 있게 수정하는 것이었다. 서울시 전체의 효과적인 쓰레기 처리체계를 구상하면서 송파 자원회수시설(소각시설) 등을 계획했다. 그러나 상황 변화에 따라 실행되지 못한 것이 지금도 아쉬운 점이다. 그래서인지 지금 나는, 깨끗한 광진을 만들기 위해 진심을 다하고 있다.

위기의 교훈, 안전 우선 원칙의 시작

서울시 기획관리실 기획관리계장
(1994년 7월~1996년 1월)

───── 1994년 7월, 나는 서울시 기획관리실 기획관리계장으로 발령받았다. 이 시기의 서울시는 행정 개혁과 도시 발전을 위한 다양한 정책을 수립하는 과정에 있었다. 기획관리계장의 주요업무는 시장 지시사항의 추진상황을 관리하고 대통령에 대한 시장의 연초 업무보고를 자료로 지원하는 일이었다.

행정 기획과 정책 조율

서울시의 기획관리실은 다양한 부서에서 추진하는 사업들이 효과적으로 추진될 수 있도록 정책을 기획하고 총괄 조정하는 역할을 담당했다. 나는 시장님의 지시사항을 관리하면서 지시사항을 신속, 정확하게 전파하고 정기적으로 추진상황을 분석하여 추진에 문제가 있는 사항에 대해서는 별도의 심층 분석 등을 실시하여 추진을 정상화시켰다. 이를 위해 각 부서의 의견을 청취하고 협력 체계를 구축하는 데 집중했다.

성수대교 붕괴로 인한 시장님의 구속을 막다

1994년 10월 성수대교가 붕괴하였다. 교량의 1,160m 중 제10번, 11번 교각 사이 상부 트러스트 48m가 붕괴하면서 차량 6대가 한강으로 추락하였다. 이 사고로 이해 사망 32명, 부상 17명이 발생했다. 시민들은 큰 충격에 빠졌고, 서울시의 안전관리 책임을 묻는 여론이 거세게 일었다. 당시 행정 책임자였던 이원종 서울시장님에 대한 형사책임 가능성까지 거론되는 상황이었다.

이에 대해 나는 역대 시장님의 각종 지시사항들을 비교, 검토했다. 그 결과 이원종 시장님의 안전 관련 지시사항 비율이 역대 어느 시장님들보다 압도적으로 높다는 사실을 발견했다. 나는 지시사항 중 안전관련 지시사항 비율이 압도적으로 높다는 자료를 1장으로 요약해 준비했다. 그래서 이원종 시장께서는 다른 어느 시장보다 안전관리에 관심을 두고 적극적으로 챙겼다는 사실

▲ **성수대교 붕괴현장**(출처:서울시 아카이브 https://archives.seoul.go.kr/)

을 입증했다. 검찰에서는 나를 참고인으로 지정하여 역대 시장님들의 지시사항을 확인 대조하기도 했다. 결국 이원종 서울시장의 구속을 막을 수 있었고 시정 신뢰도를 회복할 수 있었다.

   이 사고는 단지 행정적 대응의 사례로만 남아서는 안 된다. 교량 붕괴는 단순한 구조물의 문제가 아니라, 안전에 대한 사회 전체의 인식이 다시 점검되어야 했던 사건이었다. 빠른 개발보다 '지속 가능한 안전'이 우선되어야 한다는 교훈은 이후 내가 맡아온 모든 행정의 중심 가치가 되었다.

   그 경험은 오늘날 광진구의 행정에도 이어지고 있다. 나는 지금도 어떤 정책이든 '안전이 우선'이라는 원칙 아래 일한다. 시민의 생명과 안전보다 앞서는 행정은 없다.

IMF 시기,
사회 안정을 설계하다

서울시 기획관리실 기획조정계장
(1997년 1월~1998년 8월)

—— 1997년 1월, 나는 서울시 기획관리실 기획담당관 기획조정계장으로 발령받았다. 이 직책은 서울시의 여러 정책을 총괄하고, 다양한 부서의 업무를 조정하며, 정책 기획이 효과적으로 이루어질 수 있도록 지원하는 역할을 담당하는 자리였다. 서울시의 미래를 설계하고 모든 정책을 총괄 조정하는 중요한 업무를 맡게 되어 막중한 책임감을 느꼈다.

서울시 최초의 중기복지계획 수립

1997년 7월 서울시 최초의 중기계획인 '시민복지 5개년 종합계획'을 수립했다. 복지업무를 총괄하는 사회과에서 계획을 수립하다가 한계에 이르자 기획조정계로 업무가 이관되었다. 나는 계획 수립을 계기로 기존의 최저생활 보장 중심의 소극적 복지정책에서 벗어나 모든 시민을 대상으로 삶의 질을 향상시키는 선진국형 복지 모델로의 전환을 꾀했다. 특히 시민들의 여유생활을 돕기 위하여 권역별로 종합복지관, 도서관, 체육관 등 기반시설의 확충 기준을 설정했다. 이 기준은 이후 내가 시의회의 사무처장으로 재직할 때인 2017년까지 서울시의 예산편성의 기준으로 운용되었다. 적정하게 수립된 계획은 그 목적을 실현할 때까지 행정의 가이드라인 역할을 하는 것을 보고 계획의 힘을 크게 느꼈다.

정책 조율과 위기 대응 체계 구축

1997년 말은 특히 힘든 시기였다. 조순 시장님께서 대통령 선거 출마를 위해 사직하시면서 시장 자리가 공석이 되었는데 그해 11월 IMF 외환위기가 발생했다. 이러한 상황에서 나는 신속한 의사결정을 내리고, 정책이 유기적으로 조정될 수 있도록 조율하는 역할을 맡게 되었다. 부서 간 협력을 강화하고 다양한 이해관계자들과 소통해서 보다 실효성 있는 정책을 마련하는 것이 무엇보다 중요한 시기였다.

효율적인 재정 운영을 위한 예산 조정

기획조정계장으로서 나는 IMF 체제 속에서 사회 안정을 최우선 과제로 삼고 다양한 대응책을 추진했다. 각 실·국별로 산발적으로 마련된 IMF 극복 방안을 종합하여 일부 예산을 증액 편성하고, 보다 구체화된 '사회 안정화 대책'을 시행했다. 특히 중소기업 육성, 실직자 및 영세민 지원, 재취업 알선, 외화 절약을 위한 에너지 절약 등에 중점을 두고 도로공사와 지하철 건설 등 대규모 공공사업을 조기에 발주하여 일자리 창출을 독려했다.

또한 실직자분들을 위해 보육비 감면, 병원비 지원, 생업자금 융자, 재취업 박람회 등을 통해 어려운 시기를 극복할 수 있도록 지원했다. 이러한 정책이 원활하게 추진되기 위해서는 효율적인 재정 운영이 필수적이었다. 그래서 나는 서울시 예산을 합리적으로 조정하고 사회적 약자를 위한 복지 예산을 확대했다. 한편, 미래 투자 가치가 높은 인프라 사업에 투자하도록 재원을 효과적으로 분배하고자 노력했다.

기획조정계장에서 얻은 교훈

서울시 기획관리실 기획조정계장으로 근무하는 동안 서울시의 전체적인 정책 방향을 설정하면서 동시에 각 부서들의 업무도 조정했다. 다양한 부서들의 업무와 예산을 조정하는 과정에서 협업의 중요성을 강하게 느끼게 되었다. 부서 간의 의견 충돌을 해결하고, 한정된 예산을 효율적으로 배분하여 활용한 경험은 리더십의 핵심인 소통과 조정 능력을 배양하는 데 큰 도움이 되었다. 또한, 이 과정에서 쌓은 문제 해결 능력과 전략적 사고는 향후 여러 가지 업무를 수행하는 데 중요한 기반이 되었다.

소비자를 정책의 중심에 두다

서울시 산업경제국 소비자보호과장
(1998년 8월~1999년 3월)

―― 1998년 8월, 나는 서울시 산업경제국 소비자보호과장으로 발령받았다. 이 직책은 소비자의 권익을 보호하고, 공정한 시장 질서를 확립하며, 투명한 경제 환경을 조성하는 역할을 담당하는 자리였다. 소비자의 권리가 보장되는 시장 환경이야말로 건강한 경제 발전의 초석이라는 신념을 가지고 소비자 보호 정책을 체계적으로 추진했다.

소비자 보호 정책 수립 및 실행 전략

소비자 보호 정책의 일환으로, 나는 전국 지방자치단체 중 최초로 장바구니 물가정보시스템을 구축했다. 이 시스템은 자장면, 소주, 라면, 사과 등 생필품의 서울시 각 자치구별 물가 정보를 일주일 간격으로 제공하여 소비자들이 합리적인 가격 비교를 돕는 역할을 했다. 특히, 명절과 같이 수요가 급증하는 시기에는 성수품의 수급과 가격 안정을 모니터링하여 소비자들이 불공정한 가격 인상으로 피해를 입지 않도록 하였다. 이 시스템은 소비자들에게 실질적인 혜택을 제공하며 소비자 물가 안정에 기여했다고 평가받았다.

소비자의 권익 보호는 단순한 규제 차원을 넘어, 소비자가 스스로 자신의 권리를 이해하고 적극적으로 행사할 수 있도록 지원하는 것이 중요했다. 나는 이를 위해 소비자보호 단체들과 힘을 합해 다양한 소비자 교육 프로그램과 홍보 활동을 강화했다. 소비자 보호법과 관련 제도를 면밀히 검토하고 개선 방향을 제시했다. 소비자의 피해를 예방하고 권익을 증진하기 위해 공정거래 위반 감시 시스템을 도입함으로써 불공정한 거래 행위에 대한 감시와 제재를 강화했다.

소비자 피해 신고 및 구제 시스템 강화

소비자보호과장으로서 가장 중점을 둔 업무 중 하나는 소비자 피해 신고 및 구제 시스템을 신속하고 효율적으로 운영하는 것이었다. 기존의 소비자 피해 접수 절차는 복잡하고 대응 속도가 느려서 피해자들이 신속하게 구제를 받기 어려운 구조였다. 나는 이 문제를 해결하기 위해 피해 접수 절차를 간소화하고, 소비자 상담센터의 운영을 확대하여 보다 많은 시민들이 편리하게 피해 신고를 할 수 있도록 했다. 또한, 피해 유형을 체계적으로 분석하여 반복적으로 발생하는 문제에 대한 근본적인 해결책을 마련하는 데 주력했다.

공정한 시장 질서 확립을 위한 법률 개선

건전한 소비 시장을 형성하기 위해서는 기업과 소비자 간의 균형이 필요했다. 나는 소비자 보호 관련 법규와 제도를 연구하며 보다 공정한 시장 환경을 조성할 수 있도록 개선안을 마련했다. 특히, 허위·과장 광고 규제, 가짜 할인 행사 감시, 불공정 거래 근절을 위한 대책을 추진하며 소비자 피해를 사전에 예방할 수 있도록 했다. 이 과정에서 다양한 전문가 및 시민 단체와 협력하여 소비자의 목소리를 직접 정책에 반영하는 시스템을 구축했다.

소비자 교육 및 홍보 활동 확대

　소비자 보호 정책이 실질적인 효과를 거두기 위해서는 시민들이 소비자로서의 권리와 책임을 명확히 이해하는 것이 필수적이었다. 나는 이를 위해 소비자 교육 및 홍보 활동을 강화했다. 미래의 소비자인 청소년들에게 올바른 소비 습관을 형성할 수 있도록 교육 프로그램을 운영했고, 고령 소비자들이 금융 사기 및 불공정 거래로부터 보호받을 수 있도록 맞춤형 교육을 제공했다. 또한 텔레비전, 라디오, 신문 등 다양한 매체를 활용하여 소비자 보호 캠페인을 전개했다.

소비자 보호 정책의 성과와 의미

　소비자보호과장으로 재직하는 동안, 나는 소비자 보호 정책이 단순한 행정 업무가 아니라 시민들의 생활과 직결되는 중요한 과제임을 실감했다. 소비자 권익을 보장하는 것은 곧 공정하고 투명한 시장 환경을 조성하는 일이었다. 이는 경제 발전의 필수 요소였다. 장바구니 물가정보 시스템 구축, 소비자 피해 구제 시스템 개선, 공정한 시장 질서 확립 등의 정책들은 시민들의 생활을 실질적으로 개선하는 데 기여했다.

서울, 세계를 향한 문화의 문을 열다

서울시 문화관광국 문화월드컵기획담당관
(2000년 1월~2001년 6월)

―― 2000년 1월, 나는 서울시 문화관광국 문화월드컵기획담당관으로 발령받았다. 새천년을 맞이한 대한민국은 여전히 IMF 외환위기의 여파에서 완전히 벗어나지 못한 상황이었다. 실직과 경기 침체로 거리와 광장은 활기를 잃고 있었다. 나는 월드컵이 단순한 스포츠 행사가 아니라 국민들에게 희망과 활력을 되찾아 주는 계기가 되어야 한다고 생각했다. 더 나아가 2002년 FIFA 한일 월드컵은 대한민국의 문화적 역량을 세계에 보여줄 수 있는 소중한 기회가 될 것이라고 믿었다.

이를 위해 먼저 국민들에게 희망을 전달할 수 있는 다양한 문화 행사를 마련했다. 이와 더불어 서울시가 단순한 경기 개최 도시가 아닌 세계적인 문화 중심 도시로 각인될 수 있도록 다양한 문화 축제와 도시 홍보 전략을 수립하기 시작했다.

제1회 서울국제불꽃축제, 문화도시 서울의 첫 장을 열다

서울시는 2002년 FIFA 월드컵 분위기를 조성하기 위한 문화 행사의 일환으로 서울국제불꽃축제를 기획했다. 시민과 관광객이 함께 어우러지는 대규모 행사였기에 안전 확보가 최우선 과제였다. 나는 교통본부, 영등포구, 소방본부, 서울메트로와 도시철도공사, 한강사업본부, 영등포 경찰서, 마포 경찰서 등 유관 기관들과 협력해 안전대책, 안내대책, 교통대책, 거리상인 대책 등을 수립했다. 수차례 준비 및 검토 회의와 현장점검을 통해 50만여 명의 관람객이 모였음에도 단 한 건의 사고 없이 행사를 마무리할 수 있었다.

▲ 서울불꽃축제
(출처:서울시 보도자료 https://www.seoul.go.kr)

이 축제는 주식회사 한화의 전액 자부담으로 추진되었다. 서울시는 민관 협력의 성공 사례를 만들어냈다. 이후 서울국제불꽃축제는 매년 시민의 사랑을 받는 대표 야간 문화행사로 자리 잡았다. 이 경험은 나에게도 문화 행정가로서 큰 보람과 자신감을 안겨주었다.

붉은 물결로 하나 된 서울, 응원 문화를 세계로

2002 월드컵 기간 대한민국 전역은 붉은 물결로 가득 찼고, 서울의 길거리 응원 문화는 그 중심에 있었다. 이는 단순한 축구 응원을 넘어, 국민들의 단합과 열정을 세계에 알리는 상징적인 장면이었다.

나는 서울의 응원문화를 하나의 문화 자산으로 발전시키기 위해 광화문, 서울광장, 시청 앞 광장 등 주요 거점에 시민들이 안

▲ 월드컵 D-2년 기념행사

전하게 응원할 수 있는 공간을 설계하고, 길거리 응원 행사의 기획과 운영계획을 수립했다.

모두가 함께 열광하면서도 안전을 지킬 수 있도록 경찰 및 지자체와 협력해 교통 통제와 질서 유지 방안을 마련했다. 수십만 명이 운집한 현장에서도 질서와 안전을 끝까지 유지하며 응원의 장을 성공적으로 이끌었다. 이 과정에서 서울은 이 응원 문화를 통해 세계의 시선을 사로잡게 되었다. 그날, 서울의 거리는 단지 응원장이 아니라 시민의 열정과 문화가 함께 숨 쉬는 공간이었다. 나는 2001년 6월부터 2003년 6월까지 미국에 유학을 한 관계로 서울광장을 붉게 채운 장면을 텔레비전으로 지켜봐야 했지만 그 감동은 아직도 생생하다.

이후 서울의 길거리 응원은 세계 여러 도시에서 벤치마킹하는 문화적 사례로 자리 잡았고, 국제 스포츠 행사에서도 한국식 응원 방식은 하나의 트렌드로 확산되었다.

서울, 세계와 문화를 나누다

서울의 문화적 힘은 국내를 넘어 세계와 소통하는 기회로 이어졌다. 서울시는 월드컵을 문화 교류의 발판으로 삼아 도시의 매력을 세계에 널리 알리기 위한 전략을 수립했다. 나는 해외 주

요 도시와의 문화 교류를 주도하고, 서울의 예술성과 다양성을 보여줄 수 있는 전시와 공연을 마련했다.

또한 외국인 관광객을 위한 다국어 안내 시스템을 도입하고, 관광 인프라 개선에도 힘썼다. 지역 문화예술단체와의 협업으로 서울 곳곳에서 다채로운 행사가 이어졌다. 이러한 노력은 서울을 글로벌 문화도시로 성장시키는 기반이 되었다.

시민이 주인공이 된 월드컵, 자발성으로 이룬 기적

월드컵의 성공은 행정의 힘만으로는 이룰 수 없는 일이었다. 나는 서울시와 함께 시민 서포터즈 프로그램을 운영하며, 시민들이 자원봉사자로 참여해 국제 행사에 직접 기여할 수 있도록 체계적인 교육과 현장 지원을 담당했다. 이러한 일을 맡도록 서울시 자원봉사센터를 체계적으로 안정화시켜 가는 과정에서 광진 자원봉사센터장이던 구혜영 교수를 서울시 자원봉사센터장으로 모셔서 함께 일했던 기억이 난다.

"구 교수님! 감사합니다."

수많은 시민들이 자발적으로 나서서 행사를 함께 만들어주었다. 그들의 열정과 책임감 덕분에 서울은 세계적으로 손꼽히는 월드컵 개최 도시로 평가받을 수 있었다.

2002년 이후, 서울이 세계 속 문화도시가 되기까지

2002년 월드컵은 단지 한 번의 국제 스포츠 행사가 아니었다. 그것은 서울이 세계 속 문화도시로 도약하는 분기점이었다. 월드컵 이후 서울은 해외 언론과 방문객들로부터 극찬을 받았고, 도시의 브랜드 가치는 한층 높아졌다.

나에게 이 시기는 단순한 행사 준비가 아니라, 도시와 문화를 시민과 함께 만들어낸 결과물을 세계에 선보이는 여정이었다. "문화는 도시를 성장시키는 힘이다." 나는 그 믿음으로 서울의 미래를 설계했다. 그 여정에 기여할 수 있었다는 사실은 내 삶의 가장 큰 보람 중 하나이다. 서울이 문화로 세계와 연결되는 과

▲ **월드컵 응원모습**(출처:서울시 보도자료 https://www.seoul.go.kr)

정을 직접 설계하고 경험한 그 시간은, 내 인생의 방향마저 바꿔 놓았다. 문화는 사람을 모이게 하고, 도시는 그 문화로 기억된다. 그 시간을 지나오며 나는 도시를 만든다는 것의 진짜 의미를 깨달았다.

세계 속에서 다시 본 한국의 행정

미국 오레곤대학교 대학원 유학
(2001년 9월~2003년 6월)

―― 2001년 9월, 나는 미국 오레곤주 유진시에 위치한 오레곤대학교 대학원에 입학하였다. 당시 나는 공직자로서 다양한 행정 경험을 쌓고 있었지만, 보다 전문적인 지식을 습득하고 시야

▲ 미국 오레곤주립대학

를 넓히고자 유학을 결심했다. 새로운 환경에서 새로운 학문을 배우고, 선진 행정 시스템을 직접 보고 체험하는 것은 내게 큰 도전이자 기회였다.

복지 모금 전략에서 배운 사람 중심 행정

대학원에서 나는 재무행정을 전공했다. 공공기관의 예산 운용과 재정 계획을 체계적으로 배우는 과정은 흥미로웠지만, 그중에서도 특히 인상 깊었던 과목은 복지사업을 위한 자금 모금 방법을 다루는 수업이었다. 공공재원을 넘어 민간 기부를 효과적으로 유치하는 전략, 잠재적 후원자를 발굴하는 기법, 그리고 장기적인 신뢰 관계를 형성하고 유지하는 방법에 대해 배웠다. 단순히

재정을 다루는 기술이 아니라, 사람의 마음을 움직이고 사회적 가치를 공유하는 과정이라는 점에서 큰 울림을 주었다. 이때 배운 개념과 경험은 이후 내가 공직에서 복지 정책을 기획할 때 많은 영감을 주었다.

세계적 수준의 서울시 분리수거 정책

졸업논문은 서울의 쓰레기 분리수거 정책을 주제로 정리했다. 당시 유진시의 분리수거 시스템은 매우 초보적인 단계로, 재활용 품목을 세세하게 구분하지도 않았고 음식물 쓰레기 처리도 체계적이지 않았다. 나는 서울이 이미 5종 분리수거를 시행하고, 음식물 쓰레기를 별도로 수거해 처리하는 선진적인 시스템을 갖추고 있다는 점에 주목했다. 이를 상세히 분석해 논문으로 작성했는데, 교수님께서 "매우 독창적이고 인상적인 연구"라며 칭찬해 주셨던 기억이 난다. 한국의 환경정책을 외국의 시각에서 다시 바라보는 계기가 되었고, '우리 행정이 이미 세계적인 수준의 제도를 운영하고 있구나'라는 자부심도 느낄 수 있었다.

가족과 함께한 유진시의 일상

유진시에서의 생활은 언제나 가족 중심이었다. 장을 보러 갈 때면 나는 자연스레 짐꾼 역할을 맡아 손수레를 끌었고, 휴일이면 온 가족이 함께 오레곤대학교 도서관에 가서 책을 읽고 공부하며 시간을 보냈다. 아이들이 책을 읽는 동안 나 역시 전공 서적을 탐독하며 공부에 몰두했는데, 그 시간이 우리 가족을 더욱 단단히 묶어주었다. 여름이면 근교의 농장으로 나가 체리와 복숭아를 직접 따서 맛보고 사 오기도 했다. 그때의 달콤하고 신선한 과일 맛은 지금도 잊혀지지 않는다.

방학이 되면 유학생 커뮤니티에서는 차를 타고 원거리 여행을 떠나는 것이 일종의 관행이었다. 우리 가족도 그 대열에 합류해 2002년 여름 캐나다로 긴 여행을 떠났다. 그러나 여행 중 뜻밖의 음식 문제로 온 가족이 배탈이 나 길가에 누워야 했던 일이 있었다. 다행히 한국에서 준비해 간 응급약 덕분에 모두 회복할 수 있었지만, 그때의 아찔한 경험은 쉽게 잊혀지지 않았다. 이후로는 멀리 떠나기보다는 근교의 해변이나 사막, 국립공원으로 짧은 여

행을 다니며 방학을 즐겼다. 오히려 가까운 곳에서 여유를 만끽하며 소박한 행복을 찾는 법을 배울 수 있었다.

외국에서 배우는 '산 교육'의 가치

 이러한 경험을 통해 나는 '외국에 나가 직접 보고 느끼는 것'이 얼마나 값진 교육인지를 몸소 체감했다. 교과서나 보고서에서 배우는 것과는 비교할 수 없을 만큼 생생한 깨달음을 주었기 때문이다. 새로운 환경 속에서 낯선 문화와 행정을 접하며, 내가 한국에서 당연하게 여겼던 것들이 얼마나 독창적이고 앞선 제도였는지 돌아보게 되었다.

그래서 나는 지금도 공무원이나 지방의원들이 외국을 방문해 연수나 시찰을 하는 일을 무조건 부정적으로만 보지 않았으면 하는 바람이 있다. 물론 일부에서는 보여주기식 방문이나 성과 없는 출장에 대한 비판이 존재하는 것도 사실이다. 그러나 제대로 준비하고 진정성 있는 마음으로 다녀온다면, 외국에서 직접 보고 느끼는 경험은 훌륭한 '산 교육'이자 향후 행정을 혁신할 밑거름이 될 수 있다. 내가 유진시에서 얻은 경험처럼 말이다.

쓰레기 매립지,
콘텐츠 도시로 거듭나다

서울시 산업국 DMC담당관
(2003년 9월~2004년 8월)

―― 2003년 9월, 나는 서울시 산업국 DMC담당관으로 임명되었다. 당시 서울시는 글로벌 미디어 및 IT 허브로 도약하기 위한 계획을 추진 중이었다. 그 중심에는 디지털미디어시티(DMC) 조성사업이 있었다. 과거 난지도 쓰레기 매립지였던 이곳을 최첨단 디지털 산업단지로 변모시키는 일은 서울시의 미래 성장 동력을 구축하는 동시에 도시 재생의 대표적인 사례가 될 수 있는 야심찬 프로젝트였다. 나는 프로젝트의 기획과 실행을 총괄하며 도시 기반 시설 확충, 기업 유치, 활성화 정책 마련, 대외 홍보 등 디지털미디어시티 조성사업을 총괄 실행했다.

DMC와 세계를 잇는 교통 허브 구축

DMC의 성공적인 추진을 위해서는 교통 인프라 구축이 필수적이었다. 나는 공항철도 DMC역을 유치하는 데 주력하여, DMC가 서울뿐만 아니라 인천국제공항을 포함한 글로벌 네트워크와 연결될 수 있도록 했다. 이를 통해 DMC에 대한 해외 기업 및 투자자들의 접근성을 강화했고 경쟁력 있는 비즈니스 거점이라는 확신을 심어주었다.

▲ 제2매립장(현 하늘공원)
(출처:서울시 보도자료 https://www.seoul.go.kr)

▲ 상암 새천년타운 디지털미디어시티 조감도

MBC를 비롯한 핵심 미디어 기업 유치

DMC가 성공하기 위해서는 미디어 및 IT 산업을 선도하는 앵커기업의 입주가 필요한 상황이었다. 나는 일반상업용지와 주상복합 용지의 용도를 미디어 등 첨단기업용지로 변경하고, 외국인 투자기업에는 50년 임대를 주는 방안도 추진하는 등 매력적인 투자 환경을 조성하는 데 집중했다.

그 결과, MBC 본사의 DMC 이전을 성공적으로 유치하며, DMC가 명실상부한 미디어 중심지로 자리 잡는 데 핵심적인 역할을 했고, 이후 주요 기업들이 속속 입주했다. DMC는 단순한 산업단지가 아닌 대한민국의 미디어·엔터테인먼트 산업을 이끄는 거점으로 성장할 기반을 마련했다.

혁신적인 스마트 인프라 구축

DMC의 핵심 경쟁력 중 하나는 첨단 IT 인프라였다. 나는 초고속 정보통신망 구축, 친환경 스마트 빌딩 도입, 클라우드 기반 데이터센터 건설 등 혁신적인 기술 도입을 주도했다. 이를 통해 기업들이 보다 효율적인 업무 환경을 구축하고, 지속 가능한 스마트 도시로 발전할 수 있는 토대를 마련했다.

지속 가능한 정책 수립과 국제적 벤치마킹

DMC 프로젝트를 성공적으로 추진하기 위해서는 법적·제도적 기반 마련이 필수적이었다. 기존 주거단지 개발이나 업무용 빌딩 개발과는 달리 DMC는 서울의 도시개발과 경제개발을 통합 추진하는 첫 시도이기도 했다. 나는 DMC 특별계획구역 내 산업 지원 정책을 설계하고, 세제 혜택 및 행정 절차 간소화를 통해 기업 친화적인 환경을 조성했다.

또한, 국제적인 스마트시티 및 IT 클러스터 사례를 벤치마킹하여 실질적으로 적용 가능한 정책을 도입했다. 이를 통해 DMC는 단순한 산업단지를 넘어 서울시가 글로벌 미디어·IT 중심 도시로 도약하는 발판이 되었다.

도전과 성취, 그리고 미래로의 도약

DMC 프로젝트는 나에게 단순한 공직 업무가 아닌, 서울의 미래를 설계하고 실현하는 여정이었다. 프로젝트를 진행하는 과정에서 수많은 도전과 환경적인 제약, 기업 유치 경쟁, 글로벌 경제 상황의 변화 등 다양한 변수들이 존재했지만 나는 지속적인 협력과 전략적 접근을 통해 하나씩 극복해 나갔다.

그 결과, DMC는 단순한 도시 개발 프로젝트가 아닌 서울의 경제 지형을 바꿔 놓은 역사적인 사업으로 평가받게 되었다. 오늘날 DMC는 대한민국 디지털미디어 및 IT 산업을 이끄는 핵심

거점으로 자리 잡았다. 서울시는 DMC의 성공적인 경험을 바탕으로 마곡지구, 동대문디자인플라자(DDP) 등 첨단 산업과 도시 개발을 접목한 프로젝트들을 추진하며 지속적인 발전을 이어가고 있다.

더 빠르고 더 편리하게, 시민의 삶을 바꾸다

서울시 교통국 교통개선총괄반장
(2004년 8월~2005년 11월)

―― 2004년 8월, 나는 서울시 교통국 교통개선총괄반장으로 발령받았다. 당시 서울시는 급격한 도시화와 차량 증가로 인해 심각한 교통난에 직면하고 있었다. 이에 대응하기 위해 서울시는

대중교통 개편을 추진 중이었다. 나는 이 대대적인 교통 혁신을 총괄하는 임무를 맡게 되었다.

버스 준공영제 도입과 운송원가 조정

서울시 대중교통 체계를 개편하는 과정에서 가장 중요한 과제 중 하나는 버스 준공영제 도입이었다. 기존의 민영 버스회사 운영 시스템은 경영 비효율성과 노선 중복 등의 문제를 안고 있어 시민들에게 안정적인 대중교통 서비스를 제공하기 어려운 구조였다. 나는 버스조합과의 치열한 협상을 통해 느슨하게 체결됐던 버스 운송원가를 타이트하게 재조정하고, 노선을 효율적으로 재편성했다.

이러한 노력의 결과로 서울시는 연간 4,000억 원대로 추정되었던 재정보조금을 약 절반 수준인 2,200억 원대로 낮출 수 있었다. 이와 동시에 대중교통 서비스의 질을 대폭 향상시키고 운수종사자들의 근로환경을 개선하는 성과를 거두었다. 서울시 대중교통 준공영제 모델은 이후 국내외의 여러 도시에서 벤치마킹할 정도로 성공적인 사례로 자리 잡았다.

교통 인프라 개선과 시민 편의 증대

대중교통 개편과 더불어 교통 인프라 개선도 중요한 과제였다. 나는 교통 신호체계 개편, 도로 확장, 주차 공간 확보 등을 통해 교통 흐름을 원활하게 만들고, 시민들이 보다 편리하게 이동할 수 있도록 지원했다.

특히, 지하철 노선 확충과 버스 노선 개편을 통해 대중교통 접근성을 향상시키고, 자전거 도로 확충을 통해 친환경 교통수단을 활성화하는 데도 주력했다. 또한, 교통정보 시스템을 구축하여 실시간 교통 상황을 제공함으로써 시민들이 더욱 효율적으로 이동할 수 있도록 지원했다.

잊을 수 없는 협상과 합의의 순간

교통 개선 사업은 다양한 이해관계자들과의 협력과 조율이 필수적이었다. 특히, 버스 준공영제 정착 과정에서는 버스조합 대표들과 밤을 새워 협상을 진행했던 순간이 잊히지 않는다.

어느 날 협상장에서 의견 충돌이 격화되며 협상이 중단될 위기에 처한 적이 있었다. 나는 그 자리에서 서울시 지도를 펼쳐 놓고, 각 노선의 문제점을 하나하나 짚어가며 해결책을 제시했다.

새벽까지 이어진 협상 끝에, 마침내 우리는 모두가 납득할 수 있는 타협안을 도출하는 데 성공했다.

지속 가능한 교통 정책을 향하여

서울시 교통국 교통개선총괄반장으로서 나는 서울의 대중교통 시스템을 보다 지속 가능하게 만들었다. 서울을 더 살기 좋은 도시로 변화시키는 데 기여할 수 있었다. 단순한 교통 정책 변화가 아니라, 시민들의 삶을 직접적으로 향상시키는 변화를 만들어 냈다는 점에서 큰 보람을 느꼈다.

숨 쉬는 도시,
맑은 서울을 만들다

서울시 맑은서울추진본부
맑은서울총괄반장 및 에너지정책담당관
(2006년 7월~2007년 12월)

―― 2006년 7월, 나는 서울시에 새로 생긴 맑은서울추진본부의 첫 총괄반장으로 발령받았다. 새롭게 출범한 이 조직은 오세훈 시장님의 선거공약이었던 '서울 시민의 잃어버린 수명 3년을 돌려 드리겠습니다.'를 구현하기 위해 대기질 개선을 핵심 과제로 삼고 본격적인 정책 추진에 나섰다.

나는 신·재생에너지 보급 확대, 노후 경유차 저공해화, 거리 물청소 강화, 지하철 스크린도어 설치 확대 등 시민들이 일상에서 변화를 체감할 수 있는 정책들을 기획하고 실행했다. 특히 거리 물청소는 가장 빠르고 효과적인 대기질 개선 수단으로, 시민 건강에도 긍정적인 영향을 미쳤다. 단순한 청소가 아니라, 시민이 맑은 공기를 실감할 수 있도록 설계된 정책이라는 점을 널리 알리고자 했다.

자동차 배출가스를 줄여, 숨 쉬는 서울을 만들다

　서울의 대기오염 문제는 단순한 환경 이슈를 넘어 시민 건강과 직결된 중대한 과제였다. 공기질 개선을 위한 정책 중에서도 가장 직접적인 효과를 기대할 수 있었던 분야는 바로 교통이었다. 특히 도로를 오가는 차량에서 발생하는 미세먼지와 질소산화물은 공기질 악화의 주요 원인이었고, 호흡기 건강에 심각한 영향을 미치는 만큼 근본적인 대책이 절실했다.

　나는 노후 경유차에 대한 저공해 조치를 의무화하고, 시내버스, 마을버스, 청소차 등 시민 일상과 가까운 차량부터 친환경 CNG(천연가스) 차량으로 전환하는 정책을 적극적으로 실행에 옮겼다. 그 결과, 서울시의 평균 미세먼지 농도는 약 $60\mu g/m^3$에서 $40\mu g/m^3$로 개선되며 3분의 1이 낮아지는 눈에 띄는 변화를 이끌어냈다. 이 수치는 단순한 통계를 넘어, 시민들이 일상에서 공기질 개선을 체감할 수 있는 의미 있는 변화였다. 당시 중앙 일간지의 기사에 의하면 경기도보다 서울시의 대기질이 더 좋다는 상식적으로는 이해하기 어려운 기사가 실리기도 했는데, 서울시 전역과 경기도 전역의 평균 대기질을 비교했더니 서울시의 대기질이 더 좋다는 기사였다.

스크린도어로 완성한, 쾌적하고 안전한 서울 지하철

당시 서울 지하철역에서는 매년 30~40명의 시민이 승강장에서 추락하는 등 사고가 반복되었다. 소위 말하는 열차풍으로 지하 공간의 공기질도 매우 열악한 상황이었다. 시민 일상과 가장 가까운 공간에서 반복되던 이 문제를 해결하기 위해, 서울시는 스크린도어 설치를 본격적으로 확대하기로 결정했다.

이 사업은 내가 서울시 맑은서울추진본부 총괄반장과 도시교통본부 교통기획관으로 재직하는 동안 특히 공을 들여 추진한 대표 과제였다. 2005년 당시 서울시 전체 289개 역사 중 단 18개 역에만 설치돼 있었던 스크린도어를 전 역사로 확대하는 작업을 추진했다. 오세훈 시장님의 전폭적인 지지와 신뢰 덕분에 당초 10년 이상 걸릴 것으로 예상됐던 사업을 단 3년 만에 조기 완료할 수 있었다.

그 결과, 지하철 승강장에서의 안전사고는 크게 줄었고, 지하 공간의 공기질은 물론 소음과 에너지 효율까지 함께 개선되었다. 스크린도어는 단순한 안전시설이 아니라, 서울 지하철의 쾌적함, 에너지 효율 그리고 건강까지 챙기는 대표적인 정책이 되었다. 오늘날 서울 지하철의 쾌적하고 안전한 환경은 이 시기의 정책적 판단과 실행이 있었기에 가능했다. 이 사업은 국철과 다른 도시로 확대되어 대한민국의 대표적인 정책 상품이 되었고, 외국에서도 부러워하고 있다.

시민이 함께한 맑은 실천

시민과 함께하는 실천 없이 환경 정책은 완성될 수 없다. 나는 맑은서울총괄반장으로 재직하며, 환경 보호의 중요성을 알리는 교육 프로그램과 홍보 캠페인을 기획하고 실행했다. 에너지 절약, 재활용 활성화, 환경 봉사활동 등 시민이 일상 속에서 자연스럽게 실천할 수 있도록 함께 만들어갔다. 이러한 노력은 시민 의식 속에 환경 보호의 가치를 자연스럽게 뿌리내리는 계기가 되었다.

서울 친환경 에너지 선언, 지속 가능 도시의 출발

2007년 4월, 서울시는 '서울 친환경 에너지 선언'을 발표하며 지속 가능한 에너지 정책의 새로운 출발을 알렸다. 그전까지 서울시에는 체계적인 에너지 정책이 없었지만, 이 선언을 계기로 에너지 절약, 온실가스 감축, 신·재생에너지 보급 확대, 건물 에너지 관리 등 구체적인 목표와 실행 방안을 담은 정책이 실행되기 시작했다. 이러한 정책을 더욱 체계적으로 추진하기 위해, 나는 서울시의 에너지 정책을 전담하는 '에너지정책담당관'으로 임명되어 새로운 책임을 맡게 되었다.

이 시기에는 서울시 에너지 정책의 실행 체계를 구체화하고, 환경영향평가와 에너지 정책 기본방향 정립을 통해 정책 추진 기반을 마련했다. 특히 에너지가 대기질에 미치는 영향이 크다는 점에서 건물 에너지 소비 절감 방안을 구체화하고, 태양광·지열·풍력·연료전지 등 친환경 신재생에너지를 서울시 정책에 실질적으로 반영하고자 했다. 이러한 기초 작업은 이후 서울시의 지속가능한 에너지정책의 토대가 되었다. 서울의 환경 행정이 국제적으로 도약*하는 데 중요한 기반이 되었다고 생각한다.

실천으로 증명한 행정의 본질

돌이켜보면 맑은서울총괄반장과 에너지정책담당관으로 보낸 시간은 내 공직 경력의 전환점이었다. 특히 오세훈 시장님께서 나보다 5년 선배인 분과 나를 동시에 국장으로 승진시켜 주신 일은 당시로서도 매우 이례적인 결정이었다. 8년 만의 국장 승진은

---

* 2015년 파리에서 열린 COP21 등 국제 콘퍼런스에서 서울시 환경 정책 발표.

내게 큰 의미로 남았고, 맡은 바 업무에 대한 평가와 신뢰가 반영된 결과라고 생각한다. 이 시기의 경험과 성과는 이후 광진구청장 추천으로도 이어졌다. 오세훈 시장님과 함께 정책을 기획하며 나의 행정력과 추진력에 대한 신뢰를 쌓는 계기가 되었다.

맑은 서울을 만들기 위한 노력은 단기간에 끝나는 과제가 아니다. 나는 이 경험을 바탕으로 앞으로도 환경 보호와 지속 가능한 발전을 위한 노력을 이어가겠다. 우리가 오늘 마신 맑은 공기와 누리는 깨끗한 하늘은 단순한 결과가 아니라, 끊임없는 노력의 결실이라는 점을 시민들과 함께 공유하고 싶다. 앞으로도 환경을 위한 실천을 꾸준히 이어갈 것이다.

맑은서울총괄반장으로 보낸 시간은 시민 건강과 도시의 지속 가능한 미래를 위한 실천의 연속이었다고 생각한다. 단지 제도를 만들고 정책을 시행하는 수준을 넘어, 환경 보호라는 가치를 시민의 삶 속에 스며들게 하는 일이야말로 행정의 본질임을 실감한 시간이었다. 오늘날 서울 시민들이 보다 깨끗한 공기를 누릴 수 있게 된 데에는 이 시기의 정책 결정과 실행이 밑바탕이 되었다고 감히 자부한다.

서울형 복지, 함께 만드는 미래

서울시 복지건강실 복지건강실장
(2012년 1월~2013년 8월)

───   2012년 1월, 나는 1년 4개월을 부구청장으로 근무했던 구로구를 떠나 서울시 복지건강실장으로 부임하며 시민들의 삶의 질을 높이는 정책을 구상하고 실행하는 중책을 맡았다. 소득, 주거, 건강, 돌봄, 교육의 5대 분야에서 서울 시민 누구나 누려야 할 '서울시민복지기준'을 마련하여 서울시의 복지 체계를 한 단계 발전시키는 계기를 마련했다.

서울형 기초보장제도와 긴급 지원 시스템 도입

2013년, 전국 최초로 국가의 기초생활보장제도에서 보호받지

▲ 사랑의 선풍기 전달식
(출처:서울시 보도자료 https://www.seoul.go.kr)

못하던 비수급 빈곤층을 위해 서울형 기초보장제도를 도입했다. 서울형 기초보장제도는 생활수준은 어려우나 국민기초생활보장제도 선정기준을 초과하여 정부 지원 사각지대에 있는 비수급 빈곤층을 지원하는 제도이다.

 서울형 기초보장제도의 도입으로 복지 사각지대를 해소하고, 저소득층이 보다 안정적인 생활을 영위할 수 있도록 맞춤형 지원을 강화했다. 또한, 저소득층을 위해 겨울철 한시적으로 운영된 희망온돌사업을 연중사업으로 추진하여 긴급 생계 지원이 필요한 가정에 실질적인 도움을 주고자 했다.

건강한 서울을 위한 의료 복지 확대

서울시민뿐만 아니라 외국인 거주자와 관광객까지도 보다 손쉽게 의료 정보를 제공받을 수 있도록 119 종합상황실 내 '서울건강콜센터'를 설치했다. 24시간 운영되는 이 시스템을 통해 시민들은 전문 의료 상담을 받을 수 있게 되었다. 이는 공공 의료 서비스의 접근성을 획기적으로 향상시킨 중요한 성과였다.

▲ 서울시 공공보건의료 수행 협력 업무 협약식
(출처:서울시 보도자료 https://www.seoul.go.kr)

노량진 배수지 사고 대응과 유가족 지원

2013년 7월 15일 서울 노량진 배수지 연결 관로 공사 현장에서 일하던 근로자 7명이 갑자기 불어난 한강물에 휩쓸려 수몰되는 사고가 발생했다. 안타까운 사고가 발생한 현장에서 나는 신속한 대응이 필요함을 직감했다. 유족들이 하루빨리 일상의 안정을 찾을 수 있도록 사고 직후 유가족 지원반을 구성하여 유가족 심리상담 지원, 장례 절차 지원 등 유가족 요청 사항 및 현장 필요 상황 등에 대한 의견을 수렴했다. 이 과정에서 직원들과 단체 카톡방을 개설하여 유가족별 담당직원이 바뀌더라도 유가족 지원에 빈틈이 없도록 근무하는 체계를 구축했다. 그 결과 희생자 장례까지 차질 없이 시행하는 등 사고 수습에 만전을 기할 수 있었다. 이후 서울시에 큰일이 생기면 단체 카톡방을 우선 개설하여 막힘없이 소통하는 일이 확고하게 자리 잡게 되었다.

WHO 고령친화도시로의 도약

고령화가 가속화되는 사회적 흐름 속에서 어르신 복지는 더욱 중요한 이슈였다. 이에 나는 서울시의 특성을 반영하여 어르신 종합계획 6대 분야를 재구성하여 행복한 노년, 인생 이모작 도시, 서울 어르신 종합계획을 추진하였다. 2013년 6월 WHO로부터 '고령친화도시'로 인정받게 되었다.

서울형 복지, 세계의 모범이 되다

서울시의 시민 중심 복지 정책은 국내뿐만 아니라 국제 사회에서도 높은 평가를 받으며 유엔 공공행정 대상을 수상하는 쾌거를 이루었다. 이는 서울시의 복지행정 체계가 글로벌 모범 사례로 자리 잡았음을 의미하며, 지속 가능한 복지 모델 구축을 위한 중요한 발판이 되었다.

서울시민복지기준 완성과 포용적 복지 실현

서울시 복지건강실장으로 근무하는 동안 추진위원회, 연구진, 공무원, 시민들과 함께 9개월 동안 162회의 회의를 거쳐 서울시

▲ 보일러 기부 전달식
(출처:서울시 보도자료 https://www.seoul.go.kr)

민복지기준을 완성했다. 특히 다양한 방법으로 참여한 시민들의 의견을 반영하여 새로운 복지기준을 마련하는 과정에서 단순히 저소득층을 위한 지원을 넘어, 모든 시민이 보다 나은 삶을 영위할 수 있도록 소득, 주거, 건강, 돌봄, 교육 분야에서 서울시의 전반적인 복지수준을 높이기 위해 노력했다. 이러한 경험들은 앞으로도 포용적 복지 정책을 고민하고, 시민의 건강한 삶을 위한 지속적인 노력을 이어나가는 데 중요한 동력이 될 것이다.

깨끗한 물,
다시 마시는 신뢰

서울시 상수도사업본부 상수도사업본부장
(2013년 8월~2013년 12월)

───── 2013년 8월, 나는 서울시 상수도사업본부장으로 임명되어 시민들의 가장 중요한 생활 기반 시설을 책임지는 역할을 맡게 되었다. 그러나 부임 직전 발생한 올림픽대로 상수도관 이중화 부설공사 사고 여파로 조직 전체가 깊은 충격과 침체에 빠져 있었다. 이 사고는 안타깝게도 7명의 인명 피해를 동반한 중대한 사건이었으며, 상수도사업본부 조직에 대한 시민의 신뢰도 크게 흔들린 상태였다.

조직 안정과 신뢰 회복을 위한 노력

이러한 위기 상황 속에서 나는 조직의 사기 진작과 시민의 신뢰 회복을 최우선 과제로 삼았다. 가장 먼저 현장과 조직 내부의 목소리에 귀를 기울이기 위해 주기적인 직원 간담회를 개최하여 직원들이 겪고 있는 애로사항과 불만을 파악한 뒤 해결하기 위해 노력했다. 불만 중의 하나는 상수도사업본부와 서울시의 인사가 독립적으로 운용되다가 얼마 전에 통합되어 상수도사업본부 직원들이 승진에서 소외되고 손해를 본다는 것이었다. 당시 부시장님과 인사부서에 이러한 분위기를 전하고 승진심사에 들어간 인원수에 걸맞은 승진자 수를 확보하기 위해 노력하였다. 그 결과 합당한 결과를 얻어 직원들이 무척 고마워했던 기억이 난다.

또한 직원들이 근무하는 취수장, 정수장, 자재사업소 등 각종 현장과 공사장을 직접 방문하여 현장 근무자들과 소통하면서 사고 재발 방지를 위한 철저한 안전 관리와 시스템 개선을 적극적으로 추진했다. 현장을 방문할 때마다 시민들의 우려를 직접 듣고 공감하며 투명한 정보 공개를 통해 상실된 시민들의 신뢰를 회복하는 데 주력했다. 그 결과, 부임 후 2개월 만에 조직 내 분위기를 크게 개선하고 상수도사업 기본계획 수립과 고도정수처리시설 건설사업 등 주요 사업들을 다시 정상 궤도로 돌려놓았다.

수돗물 품질 향상

나는 또한 서울시민들이 매일 사용하는 수돗물의 품질 향상에도 깊은 책임감을 느꼈다. 특히 많은 시민들이 불만을 표출했던 수돗물의 염소 냄새를 개선하기 위한 적극적인 조치를 단행했다. 기존의 염소가스 소독 방식을 소금을 전기 분해하여 만든 차아염소산나트륨 액체 소독으로 전환했다. 암사아리수정수센터와 강북아리수정수센터에 염소분산주입시설을 설치하여 수돗물 내 잔류염소 농도를 시민들이 거의 느끼지 못하는 수준까지 낮추었다.

또한 수돗물의 맛까지 고려한 고도정수처리시설을 조기에 완공하여 숯으로 거르는 공정을 추가했다. 그래서 수돗물 내 유해물질을 더 철저하게 제거할 수 있는 기반을 마련했다. 이러한 노

▲ 강서수도사업소 현장 점검(출처:서울시 홈페이지 https://e-arisu.seoul.go.kr)

력은 시민들에게 더욱 신뢰받는 상수도 서비스를 제공하는 초석이 되었다.

노후 옥내급수관 교체 지원 확대

이뿐만 아니라, 서울시 내 노후화된 옥내급수관 교체 지원 사업도 대폭 확대하여 차상위계층 소유 주택과 85㎡를 초과하는 중·대형 공동주택까지 교체 지원 대상에 포함했다. 이로 인해 더 많은 시민들이 가정 내에서 보다 깨끗하고 안전한 수돗물을 안정적으로 공급받을 수 있게 되었다. 특히 저소득층 주택에 대한 전액 지원 방침을 수립하고 시행하여 경제적으로 어려운 시민들도 깨끗한 물을 누릴 수 있는 권리를 보장했다.

▲ 암사아리수정수센터 현장 점검 (출처:서울시 홈페이지 https://e-arisu.seoul.go.kr)

시민과 함께, 아리수 소믈리에

▲ 영등포아리수정수센터 현장 점검 (출처:서울시 홈페이지 https://e-arisu.seoul.go.kr)

더불어 '아리수 소믈리에' 제도를 새롭게 도입하여 서울 전역의 수돗물 맛과 냄새를 체계적이고 지속적으로 관리했다. 이를 통해 시민들이 실질적으로 체감할 수 있는 품질 향상 효과를 거두었다. 또한 시민들이 직접 상수도 시설과 정책을 평가하는 '시민평가단'을 구성했다. 시민의 눈높이에서 상수도 정책의 효율성과 투명성을 점검하고 개선점을 발굴하는 데 시민들의 의견을 적극적으로 반영했다. 시민평가단의 활동을 통해 상수도 행정에 대한 시민들의 신뢰가 향상되었고 수돗물 직접 음용률이 유의미하게 증가하는 성과를 거두었다.

시민이 먼저 체감하고, 약자가 먼저 편해야 한다

서울시 도시교통본부 도시교통본부장
(2014년 1월~2015년 6월)

─── 2014년 1월, 나는 서울시 도시교통본부장으로 발령받았다. 10여 년 전 교통국 교통개선총괄반장으로 근무하며 대중교통

▲ [2015 ICLEI 세계총회] Seoul on stage
(출처:서울시 홈페이지 https://tv.seoul.go.kr/v/101877?m=1&tr_code=mov)

체계 개편을 현장에서 직접 이끌었고 교통기획관을 역임한 경험과 실적을 고려한 인사였다. 그래서 가장 힘들다는 도시교통본부장으로서의 역할도 차분하고 확실하게 수행해 낼 자신이 있었다.

도시 교통은 단순한 이동을 넘어 시민의 삶과 도시 경쟁력을 좌우하는 핵심 인프라이다. 나는 시민 안전, 교통 복지, 그리고 행정의 지속 가능성이라는 세 축을 중심에 두고 서울시 교통 시스템 전반에 실질적인 변화를 이끌어내겠다는 각오로 임했다. 당시 내 머릿속에는 한 가지 분명한 원칙이 있었는데 "교통 정책은 시민이 먼저 체감하고, 가장 약자가 먼저 편해져야 한다."였다.

이후 본부장으로서 가장 중요한 과제 중 하나는 도시철도의 구조적인 재정 문제였다. 안정적인 운영을 위한 기반은 곧 시민의 이동권과 직결되었기 때문이다.

도시철도, 국비 지원의 전환점

9호선 2단계 연장 개통을 앞두고 전동차 증차는 시급했고, 1~4호선의 노후시설도 빠른 개선이 필요했다. 그러나 이 모든 사업이 전액 시비로만 진행되는 구조에는 한계가 있었다.

나는 기획재정부, 국토교통부, 국회 예산정책처 등 중앙정부를 수차례 직접 찾아다니며 정책의 필요성과 재정 분담의 당위성을 설득했다. 꾸준하고도 단호한 설득과 조율 끝에 총 1,480억 원을 확보했다. 2015년 서울시 도시철도 운영 분야에 국비가 처음으로 투입되는 역사적인 전환점을 만들었다.

이로써 도시철도 사업은 단순한 예산 지원을 넘어, '전액 시비'라는 불균형 구조를 넘어선 구조 개편의 신호탄을 쏘아 올렸다. 이후 국비는 매년 수천억 원 규모로 반영되었다. 서울시 도시철도의 지속 가능한 재정 기반이 제도적으로 자리 잡게 되었다. 이후 배차 간격이 단축되고, 노후 차량 교체가 진행되며 시민들의 불편도 눈에 띄게 줄었다.

불친절한 택시 문제, 구조부터 확 바꾸다

시민들은 택시를 탈 때마다 불친절한 태도로 인해 불편을 겪기 일쑤였다. 나는 단속이나 인센티브만으로는 이 고질적인 문제를 해결하기 어렵다고 판단했다. 보다 근본적인 접근이 필요하다고 보았다. 그래서 노조, 사업자, 시민단체, 전문가, 공무원 등이 함께 참여하는 협의체를 구성해 해법을 찾기 시작했다.

그 결과 서울시는 최초로 '택시발전 종합계획'을 수립했는데, 고급택시와 예약제 도입, 앱택시 확산, 운행 시간 조정, 택시 총량제 시행 등 18개 과제를 담은 종합적인 개선안이었다. 이 가운데

회사 평가제와 운수종사자 처우 개선, 협동조합 택시 도입은 산업 구조를 실질적으로 바꾸기 위한 핵심 조치였다.

특히 협동조합 택시는 기존 법인택시 중심 구조에 대한 대안이자, 시민이 더 믿고 선택할 수 있는 '상생형 서비스 모델'이었다. "이 택시는 기사님이 매우 친절했어요. 꼭 다시 부르고 싶어요." 앱 리뷰에 남겨진 짧은 한 줄은 우리가 바꾸고자 했던 방향이 틀리지 않았다는 확신을 주었다. 시민이 신뢰하는 교통, 그것이 내가 추구한 변화의 본질이었다. 교통 서비스는 시민의 일상을 지키는 사회적 약속이다.

시민이 체감하는 작은 변화들

대중교통은 서울 시민들의 가장 중요한 이동 수단이다. 나는 버스와 지하철의 노선과 운행 시간, 신규 노선을 이용자 수요에 맞게 조정하고, 정류장·환승센터 환경 개선과 실시간 교통정보 제공 등으로 서비스의 질을 높이고자 했다.

일상 속 이동이 조금이라도 더 편해지기를 바라는 마음으로 작지만 실질적인 교통 개선을 하나씩 추진해 나갔다. 시민이 걷는 길목마다 불편을 덜어주는 것, 그 자체가 행정의 시작이라고 믿었다.

서울형 공공자전거는 2010년 시범 운영을 시작했다. 이후 2014년 '따릉이' 브랜드로 재정비되며 시민들의 호응을 얻었고 지금까지도 시민의 발이 되어주고 있다.

보이지 않는 시스템을 다듬다

보다 구조적인 개선도 함께 추진했다. 저상버스를 통해 교통약자와 어린이의 이동권을 실질적으로 개선하고자 했다. 2014년에는 전체 도입률이 약 33%까지 올라갔다.

또, 실시간 교통정보 시스템(TOPIS) 고도화와 주요 교차로의 CCTV 및 신호체계 개선도 병행하여 시민의 안전과 정보 접근성을 동시에 높이고자 했다. TOPIS는 버스 위치 오차 범위를 30초 이내로 줄였다. 서울시 교통정보센터를 통해 하루 80만 명 이상의 사람들에게 실시간 정보를 제공할 수 있는 기반을 마련했다.

이외에도 따릉이 거치대의 위치 조정, 정류장 가림막 개선처럼, 눈에 잘 띄지 않지만 시민들의 일상을 더 편리하게 만든 조치들도 함께 진행됐다. 이 작은 변화들이 모여, 서울의 교통은 보다 안전하고 믿을 수 있는 방향으로 나아갈 수 있었다.

사람 중심, 안전을 설계하다

서울의 지속적인 발전과 함께 도로 및 교통 인프라의 개선은 필수 과제였다. 나는 주요 간선도로 재정비와 도로 확장을 추진하는 동시에, 보행자와 자전거 이용자의 이동 환경 개선에도 힘썼다. 차량 중심에서 사람 중심으로 교통 패러다임을 바꾸기 위한 시도였다.

무엇보다 녹색교통지역을 중심으로 친환경 교통체계 구축에도 기반을 다졌다. 시민 안전은 모든 교통정책의 출발점이었다. 교통사고 예방 캠페인과 도로교통법 개정 논의에 참여했다. 주요 교차로 개선과 사고 다발 지역 분석을 통해 현장의 위험 요소를 줄여나갔다. CCTV 설치 확대와 신호 체계 최적화는 선제적인 사고 예방을 위한 조치였다.

소통으로 다진
균형의 행정

서울시 의회사무처 의회사무처장
(2016년 7월~2017년 12월)

―― 2016년 7월부터 2017년 12월까지 나는 서울시 의회사무처장으로서 서울시 의회의 원활한 운영을 지원하는 역할을 수행했다. 의회사무처에서 시의원의 정책 및 입법 활동을 지원하며 시민 의견을 수렴하고 시의원의 민원 처리와 의정 활동을 보조하기 위해 행정 지원 체계를 강화했다.

정책 및 입법 지원 강화

의회사무처의 가장 중요한 업무는 시의원들의 정책 및 입법활동을 적극적으로 지원하는 것이다. 특히 의회사무처에 근무하는 동안 의회 역량강화 T/F를 운영하여 의원, 시민, 시정부 간 정보 공유 체계를 강화하고 의정활동을 종합적이고 편리하게 수행할 수 있도록 정보공통활용체계, ONE-STOP 네트워크를 구축하고자 했다. 의원활동 ONE-STOP 통합네트워크를 통해 의안 등 의회 정보뿐 아니라 재실현황, 의원 커뮤니티 등의 서비스를 제공해 의원 간의 소통과 효율적인 의정활동을 지원했다.

신속·체계적 민원 처리를 위한 변화

2017년 1월, 조직을 개편하여 전국 최초로 의회 민원전담 부서인 '시민권익담당관'을 신설하여 민원 현장조사, 분석, 개선 등 사후관리에 집중했다. 또한 '민원공유 서비스'를 도입하여 시의회에 접수된 각종 민원을 해당 지역구 시의원에게 문자로 실시간 공유함으로써 신속하고 체계적인 민원처리가 가능해졌다. 이를 통해 시민들이 의회 운영에 더 관심을 갖고 참여하도록 유도하였으며 의회의 신뢰도를 높이는 데 기여했다.

지방자치 발전을 위한 노력

지방자치 발전을 위해서는 지방정부와 지방의회의 상호 협력과 견제의 기능이 유지되어야 한다. 지방정부의 권한이 강화될수록 이를 감시하고 견제할 지방의회의 권한도 강화되어야 한다. 나는 서울시의회 차원에서 지방 분권 T/F를 구성하고 운영하며 자치입법권, 정책지원전문인력 확보, 지방의회 인사권 독립 등의 내용을 중점으로 하는 지방의회법(안) 작성에 기여했다. 이 법안은 총 14회에 걸친 정례회의를 거쳐 작성되었다. 이후 국회의원들의 공동 발의를 통해 발전하게 되었다. 지방의회법(안)은 시정부와 의회 간 균형 잡힌 지방자치를 실현하기 위한 중요한 기틀을 마련했다.

소통과 협력으로 다져진 행정 운영 역량

서울시 의회사무처장으로서, 나는 민주적 가치를 구현하고 시민의 권익을 보호하는 데 전념했다. 주민의 의견을 경청하고 신속하게 민원을 처리하는 과정에서 소통의 중요성을 체득하였다. 의원님들과 협력하고 조율하는 경험을 통해 균형 있는 행정 운영의 필요성을 깊이 이해할 수 있었다. 또한, 지방정부와 의회가 서로 견제하고 협력하는 구조 속에서 정책을 조율하는 능력을 키웠다. 이는 구청장으로서 주민 중심의 행정을 펼치는 데 중요한 밑거름이 되었다.

안정, 혁신, 공공성
가락시장의 변화를 이끌다

서울농수산식품공사 사장
(2018년 9월~2021년 12월)

농수산물도매시장의 안정성과 지속 가능한 발전

─── 2018년 9월부터 2021년 12월까지 서울농수산식품공사 사장으로 재임하면서 농수산물도매시장의 안정성과 지속 가능

▲ 서울농수산식품공사 사장 취임식
(출처:서울시농수산식품공사 보도자료 https://www.garak.co.kr)

한 발전을 위해 헌신했다. 시장 동향을 면밀히 분석하고 예측하여 중장기적인 안정을 도모하였고, 발전 방향을 제시하는 데에도 힘을 쏟았다.

또한 농수산물의 유통 및 마케팅 전략을 혁신하여 소비자에게 더욱 효과적으로 다가가고자 했다. 제품의 안전성과 품질 관리에서도 엄격한 기준을 적용하여 소비자 신뢰 확보에 최선을 다하였다. 아직도 가락시장에 도입이 미뤄지고 있는 도매상제도를 조속히 도입하여 우리나라 농수산물의 유통 혁신을 꾀해야 할 것이다.

국제 교류와 산업 발전 기여

국내외 무역과 협력 확대에도 주력했다. 국제 교류를 적극 추진하여 농수산물 산업의 글로벌 경쟁력 강화에 기여했다. 이와

▲ **농수산식품 유통포럼** (출처:서울시농수산식품공사 보도자료 https://www.garak.co.kr)

아울러 정부 정책에 대한 제안과 지원을 통해 농수산물 산업 발전을 위한 방향성을 제시했다. 환경 보호와 자원 관리에 중점을 두어 지속 가능한 산업 생태계 조성에 이바지했다.

사회적 책임 실천과 복지 증진

공사의 사회적 책임 실천에도 적극 나섰다. 방이복지관과의 10년간 협력을 통해 저소득 장애인 가정에 후원 물품을 지속적으로 전달했다. 공사 직원으로 구성된 기술봉사단 활동을 통해 취약 계층의 주거환경 개선에도 기여했다. 이러한 공로를 인정받

▲ 2020년 서울사회공헌대상 서울시장상 수상
(출처:서울시농수산식품공사 보도자료 https://www.garak.co.kr)

아 2020년 서울시 복지재단으로부터 '서울사회공헌대상 서울시장상'을 수상하는 영예를 안았다.

경영 혁신과 노사 협력

코로나19 확산이라는 어려운 상황에서도 경영 개선을 이끌어 당기순이익을 흑자로 전환하는 성과를 이루어 행정안전부 지방공기업 경영평가에서 최고 등급을 획득했다. 그리고 서울시의 공기업 경영평가에서도 최고 등급을 획득했다.

또한 공공부문 정규직 전환정책을 성공적으로 추진했다. 노동이사제 운영을 통해 노사 간 협력과 상생을 모범적으로 이끌어 고용노동부로부터 '노사문화 우수기업'으로 선정되는 성과도 거두었다.

◀ 노사문화 우수 관련 자료
(출처:서울시농수산식품공사 보도자료
https://www.garak.co.kr)

현장 소통과 갈등 조정

제주산 양배추 경매 거래방식 변경 과정에서는 물류비 증가로 인한 생산 농민과 시장 간 갈등 문제 해결을 위해 직접 제주도청을 방문했다. 현장 소통을 통해 일부 유예를 이끌어내며 농민분들의 요구를 반영한 타협안을 체결했다. 이는 '현장에서 소통하겠다'는 나의 취임 약속을 실천한 대표적인 사례이다. 이 과정에서 명예 제주도민이 되는 영예를 안기도 하였다.

지역사회 공헌 및 농어촌 교류 강화

가락·강서·양곡 농수산물도매시장 관리와 친환경 학교급식 사업 운영에서도 특색 있는 전략을 추진하여 농어촌과의 교류를 강화했다. 지역사회 공헌 활동을 활발히 전개한 결과 농림축산식품부와 농촌사랑범국민운동본부로부터 농촌사회공헌 인증을 3차례 연속 재획득하는 영광을 안았다.

품질 관리 능력 강화

서울농수산식품공사는 잔류농약 국제분석능력평가에서 3년 연속 최고 수준을 인정받았다. 특히 학교급식 식재료의 안전성 검사를 철저히 수행하여 우리 아이들에게 보다 안전한 먹거리를 제공하는 데에도 크게 기여했다.

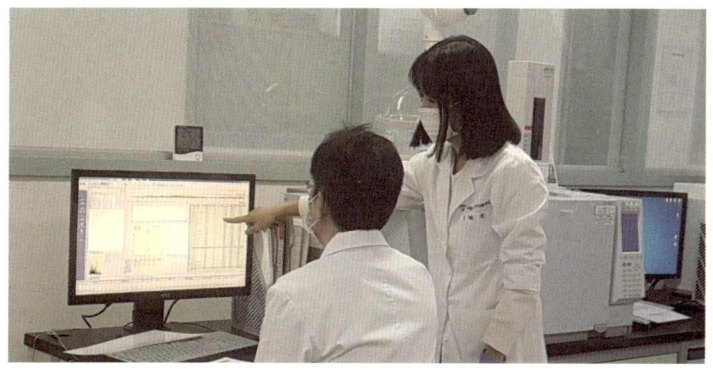

▲ 잔류농약 분석능력 최고 수준 획득
(출처:서울시농수산식품공사 보도자료 https://www.garak.co.kr)

재임 기간의 의미와 성과

이러한 모든 성과는 내가 사장으로서 추구해 온 가치와 목표가 현실에서 구현된 결과라고 생각한다. 농수산물 시장의 안정성 확보, 소비자 신뢰 구축, 산업의 지속 가능한 발전, 사회적 책임 실천을 최우선 과제로 삼고 매 순간 최선을 다해 임했다.

> 소통하며
> 발전하는
> 행복광진
> 일꾼 김경호입니다

Part 2

광진구정 3년의 성과

1장

균형발전

─── 광진구청 신청사의 구청장실 앞 벽면에는 광진구의 전경을 담은 대형 항공사진이 자리하고 있다. 한강 건너 남쪽에서 찍은 사진을 보면 한강 변의 자양동에서부터 북쪽의 중곡동까지 광진구를 한눈에 담을 수 있다.

광진구의 발전에 관심이 있는 사람이라면 그 사진에서 눈에 보이지 않는 경계선을 발견할 수가 있다. 광나루로를 기준으로 남쪽은 높은 빌딩과 아파트 단지로 채워져 있다. 하지만 북쪽은 다가구·다세대 위주의 저층 주거지가 대부분이다.

광진구는 60여 년 전 국민주택단지로 개발되어 당시에는 신도시에 속했다. 그 이후 한강 변에 자리한 자양동과 광장동은 아파트와 고층 건물이 들어섰다. 하지만 중곡동은 여전히 각종 규제에 묶여 이전과 다를 바 없는 저층 주거지 위주의 모습을 보이고 있다.

구민들을 만나는 자리에서 가장 많이 들은 말씀이 '광진구를 발전시켜 달라'였다. 특히 중곡지역은 도시계획 재정비가 오랜 기간 이루어지지 않아 주민들의 상대적 박탈감과 상실감이 매우 크다.

광진구의 가장 중요한 과제는 남북 간 균형발전이다. 그것을 실현하기 위해서는 재창조 수준의 변화가 필요하다고 생각했다. 그래서 당선 후 광진 구정의 6대 핵심전략 중 첫 번째를 '균형발전'으로 선택했다. 92개 공약사업 중 1번을 '2040 광진 재창조 플랜 수립'으로 선정했다.

오세훈 시장님의 서울 도시 대개조 프로젝트 '다시 강북 전성시대'의 발표는 '2040 광진 재창조 플랜'에 힘을 실어주는 동력이 되었다. 그동안 도시발전에서 소외되었던 강북 지역의 오랜 규제를 풀어 첨단산업과 일자리 창출 거점으로 조성하는 이 프로젝트에서 광진구 균형발전의 돌파구를 찾을 수 있었다.

취임 후 즉시 도시계획 개선에 돌입하여 서울시 25개 자치구 중 23위에 불과했던 상업지역 비율을 19위까지 끌어올렸다. 재개발 요건인 접도율 기준을 4미터에서 6미터로 완화하여 재개발 가능 면적을 3만 제곱미터에서 271만 제곱미터로 약 90배를 늘렸다. 그동안 노후 주거지가 밀집했던 지역 곳곳이 신통기획, 모

아타운 등 다양한 주택 정비사업으로 활력이 돌고 있다.

광진구, 특히 중곡지역의 노후 주택 밀집 지역에 아파트 단지가 들어서고 다양한 기반시설이 신설되어 신흥 주거지로 급부상할 수 있도록 서울시와 협의하고 도시계획 전문가들과 공감대를 형성하여 해법을 찾는 것이 무엇보다 시급한 때이다.

광진 발전의 밑그림, '2040 광진 재창조 플랜'

―― 광진구는 1960~1970년대 토지구획정리사업을 통해 국민주택단지로 개발되었다. 그 후 강남지역이 말 그대로 상전벽해 수준으로 발전했다. 광진구와 분구되었던 성동구에 초고층 건물과 대형 업무시설이 들어서는 동안 광진구의 발전은 오랜 시간 정체되었다.

그 이유는 각종 규제 때문이었다. 토지 용도 중 가장 활용도가 높은 상업지역이 2024년 기준으로 서울시 25개 자치구 중 24번째였다. 아파트 비율은 서울시 평균이 60.1%인 반면 광진구는 36.8%에 불과했다. 어린이대공원의 경관을 보호한다는 명목으로 고도 제한까지 있었다. 이로 인해, 저층 주거지 위주로 도시가 구성되어 광진구에는 새로운 산업이나 상권이 발달할 수 없었다.

이러한 규제에서 벗어나 광진구 도시계획의 새 판을 짜기 위해 2022년 7월 구청장 취임 후 11월에 추경을 편성해 광진구 도시발전의 밑그림인 '2040 광진 재창조 플랜' 수립을 추진했다.

광진구 발전을 위해 가장 중요한 과제는 바로 남북 간 균형발전이다. 한강과 인접한 광장동, 구의3동, 자양3동 등은 아파트 단지가 들어섰지만, 중곡동은 여전히 저층 주거지로 남아 있다. 차량이 많지 않던 시대에 지어진 노후 주택이 많아 늘 주차난에 시달린다. 어린이집, 경로당, 청소년 공부방 등 생활편의시설이 들어설 공간도 부족하다.

'2040 광진 재창조 플랜'은 이러한 도시 불균형을 해소하고 도시 중심기능 강화에 방점을 두었다. 저층 주거지를 정비하여 명품 주거지를 조성하고, 미래 먹거리를 창출하는 첨단산업을 육성하여 성장동력을 확보하며, 한강과 아차산 등 지역자원 특화전략으로 매력여가공간을 조성하는 직(職), 주(住), 락(樂)이 어우러진 도시로 거듭난다는 계획이다.

먼저 중곡권역은 의료특화 거점으로 탈바꿈한다. 종합의료복합단지를 중심으로 바이오, 헬스케어 산업을 중점 육성하고 기존에 밀집되어 있던 영세 봉제산업을 고도화하여 산업 경쟁력을 강화할 계획이다. 또한 중랑천 여가공간을 정비하고 긴고랑천을 복원하여 아차산과 함께 자연을 즐길 수 있는 수변감성도시로 대개조한다.

▲ 2040 광진 미래도시발전 전문가 자문단 포럼

▲ 2040 광진 재창조 플랜 주민설명회

▲ 신청사 개청 기념 제막식

▲ 자양1 재정비촉진구역과 광진구 신청사

Part 2 광진구정 3년의 성과

화양·군자권역은 서울 동북권 청년 지식·문화 거점공간으로 재구조화한다. 화양동과 군자동은 건국대와 세종대가 있어 청년 인구 비율이 높은 지역이다. 그리고 건대입구역은 동북권 청년 유동인구 1위를 차지하는 주요 거점이다. 대학교 캠퍼스타운과 연계하여 첨단산업을 육성하는 청년창업의 메카로 성장할 수 있는 잠재력이 무궁무진하다. 특히, 성수동 ICT 특정개발진흥지구와 인접한 동일로지구의 업무·상업 기능을 강화하여 AI, ICT 등 첨단산업 클러스터를 형성하여 서울의 산업 중심지로 발돋움할 수 있다.

자양권역은 한강을 접하고 지하철 2호선이 있어 첨단업무와 고급 주거지가 공존할 수 있는 최적의 환경이다. 구의역 인근의 자양1 재정비촉진구역은 2025년 1월 준공되어 업무시설·상업시설·아파트·광진구 신청사 등이 입주했고, 자양4동 신속통합기획 재개발 등 대규모 아파트 단지 조성이 진행되고 있다.

군부대가 자리잡고 있던 자양5 재정비촉진구역은 2개 구역으로 분할하여 개발을 추진하고 있다. 이와 아울러 서울시의 '그레이트 한강' 프로젝트와 연계하여 뚝섬한강공원 등 한강 변 공간을 개방형 수변공간으로 재편한다.

구의·광장권역은 강변역과 동서울터미널 등 광역 교통거점을 보유하고 있으나 주변이 체계적으로 개발되지 못하였다. 동서울터미널 현대화 사업을 통해 서울 동북권의 새로운 랜드마크를 조

▲ 동서울터미널 현대화사업 조감도

성한다. 특히 한강 변 오픈 공간과 입체보행환경 구축으로 누구나 장애물 없이 한강에 접근 가능한 수변 친화 명품주거지로 특화 개발할 예정이다.

각 권역에 따라 특화된 거점을 만들면서도 권역 간 연계와 조화를 통해 입체적으로 발전 전략을 마련한다. 어디 하나 소외되지 않는 균형 성장을 이루는 것이 '2040 광진 재창조 플랜'이 가지고 있는 큰 그림이다.

광진의 도시발전 잠재력은 무궁무진하다. 생활권 안에 한강과 중랑천, 아차산이 있어 자연과 조화를 이루고 있고, 2개의 종합대학, 어린이대공원 등 활용할 수 있는 자원들이 풍부하다. 오랜 시간 발전하지 못하고 정체되었지만, '2040 광진 재창조 플랜'의 실현으로 광진구는 서울의 동북권 거점으로 우뚝 서게 될 것이다.

명품 주거지 조성

—— '2040 광진 재창조 플랜'의 핵심은 노후·저층 주거지를 명품 주거지로 개선하는 것이다. 현재 광진구의 많은 저층 다가구·다세대 주택은 지은 지 30년 이상 되어 노후되었다. 지금처럼 많은 차량 대수를 고려하지 않고 지어졌기 때문에 주택가는 늘 주차난에 시달린다.

하지만 광진구는 오랫동안 저층 주거지를 고밀개발 할 수 없었다. 각종 도시계획과 규제로 인해 개발이 제한되었기 때문이다. 광진구는 지하철 2, 5, 7호선이 교차하고 서울 3대 버스터미널 중 하나로 불리는 동서울종합터미널이 있어 교통이 발달하였음에도 오랫동안 고층 상업·업무시설을 찾아보기 힘들었다.

취임 후 가장 노력했던 것이 바로 이 도시계획을 바꾸고 저층·노후 주거지를 번듯한 아파트 단지로 바꾸는 일이었다. 주택사업을 총괄하는 주거사업과를 신설하고 재개발·재건축 사업에 공공지원을 강화했다. 현재 추진하고 있는 주택사업은 재개발·재건축사업 9개소, 소규모 주택정비사업 25개소, 민영 주택 건설사업 14개소로 총 48곳에서 주거지 정비사업을 추진 중이다.

서울시와 긴밀히 협의하고 도시계획 전문가들과 공감대를 형성하며 해법을 찾으려 노력했다. 끊임없는 소통을 통해 서울시에서 23위에 불과했던 상업지역 면적이 19위까지 상승했다. 준주거지역도 많이 늘렸다. 오세훈 시장님께서 발표하신 강북지역 대개조 프로젝트 '다시, 강북 전성시대'에 따르면, 광진구의 재개발 가능 지역이 3만 제곱미터에서 271만 제곱미터로 약 90배 늘어났다. 광진구 재개발을 가로막던 접도율 제한이 4미터에서 6미터 이상으로 완화된 덕분이다.

또한 신속통합기획, 모아타운 등 재건축·재개발 주택정책을 도입할 수 있는 곳은 최대한 지원했다. 자양4동 57-90번지 일대는 신속통합기획을 통하여 최고 49층, 2,999세대의 대단지로 재탄생한다. 자양3동의 227-147번지 일대와 중곡1동 254-15번지 일대도 신속통합기획 후보지로 선정되어 재개발에 박차를 가하고 있다.

노후 건축물과 신축 건축물이 혼재하여 광역 재개발이 곤란한 지역에서는 소규모 주택 정비사업인 모아타운을 추진하고 있다.

현재 자양1동 772번지 일원(건대모아타운), 799번지 일원, 자양2동 599번지 일원(자양한강 A구역), 649번지 일원(자양한강 B구역), 681번지 일원, 구의3동 587-58번지 일원과 광장동 264-1번지 일원까지 여러 지역에서 추진 중이다.

기존 아파트 단지의 재건축도 시동을 걸고 있다. 광장동의 대표 대단지 아파트인 극동아파트는 올해 안에 재건축 정비구역 지정 및 조합 설립을 위한 용역 시행이 목표이다. 서울의 대표적인 고급 아파트 단지로 알려진 워커힐아파트는 기존의 불합리한 용도지역 문제를 해결하기 위해 끊임없이 노력 중이다. 자양한양아파트 재건축정비사업은 추진위원회가 구성되었다.

그 외에도 중곡4동 신향빌라 재건축사업, 자양3동 자양7구역

▲ 자양4동 59-90번지 일대 신속통합기획 조감도

▲ 중곡4동 신향빌라 재건축 사업 조감도

재개발, 중곡3동 중곡아파트 재건축도 속도를 내고 있다. 새로운 아파트 단지가 만들어져야 주차시설, 주민편의시설이 확충되고 도로 정비가 가능해진다. 주택정비사업 관련 주민설명회를 다니다 보면 광진구가 달라진 게 느껴진다는 주민들을 종종 만날 수 있었다. 오랫동안 개발을 염원했지만 서울시나 광진구가 들어주지 않았는데 지금은 주민들과 적극적으로 소통하며 사업이 실제로 진행되고 있다.

올해는 광진구 30주년이자 '광진 재창조'의 원년이다. 성동구와 강동구가 발전해 나가는 동안 우리는 그것을 지켜만 보았다. 하지만 이제 더 이상 정체되어 있을 수 없다. 구청장 임기를 시작하기 전부터 중곡동에 번듯한 아파트가 들어서고 한강 변에 멋진

스카이라인이 갖추어진 모습을 상상해왔다. 앞으로도 초심을 잃지 않고 도시개발을 갈망하는 구민들의 염원을 꼭 이루어 나갈 것이다.

주차장과
생활 SOC 확충

―― 매일 아침, 출근하면 가장 먼저 하는 일이 있다. 구청장 직통문자로 접수된 구민들의 민원을 확인하는 일이다. 임기 초부터 구민들에게 적극 홍보하고, 직통문자 민원이 잘 해결된다는 소문이 나 정말 많은 구민들이 여러 가지 민원을 보내주신다.

다양한 민원이 있지만 가장 큰 비중을 차지하는 민원은 단연 주차 관련 민원이다. 1년에 약 20만 건의 민원이 들어오는데, 그중 60% 정도가 주차 관련 민원이다. 빨리 주차 단속을 해달라는 민원도 많고, 이 구역은 주차 단속을 하지 말아 달라는 민원도 많다. 주차 공간이 부족해서 주민들 간 갈등이 지속되고 있는 것이다.

광진구의 총 주차장 면수는 2025년 1월 기준 138,272면이다. 이 중에서 건축물 등에 딸린 부설주차장이 131,919면이다. 방문객이나 주차장이 부족한 건축물에 거주하는 주민이 안심하고 주차할 수 있는 노상·노외주차장은 4,993면에 불과하다. 15개 행정동 중에서 주차장을 비교적 많이 확보한 동은 광장동(16,561면)과 구의3동(14,669면), 자양3동(14,273면)이다. 모두 아파트 단지나 지하주차장을 보유한 고층 건물이 많다는 공통점이 있다. 차량 대수가 급증하기 이전에 지어진 연립주택이나 상가주택은 지금의 주차 수요를 도저히 감당할 수 없다. 노후 주택이 밀집한 중곡동, 구의2동, 자양4동 등에서는 주차 문제가 끊이지 않는다.

더욱이, 최근 개정된 법 규정이나 사회 분위기의 변화로 인해 통학로 인근 노상 주차장이 폐지되었다. 스쿨존 구역에서 주정차가 전면 금지되어 주차 공간에 대한 수요가 더 증가하게 되었다. 가장 근본적인 해결책은 재개발을 통해 주차 공간이 넓은 건물들을 세우는 것이지만, 당장에 주차할 공간을 확충하는 것도 대단히 중요하다.

구민들의 주차 부담을 덜기 위해 민선 8기 들어 주차장 확충

▲ 중곡3동 배나무터 공원 공영주차장

에 힘써왔다. 2022년에 1,647면이었던 노외 공영주차장이 2025년 현재 2,424면으로 832면, 47%가 증가했다.

주차장 확보를 위해 우선 공공 소유의 유휴 부지를 찾아 주차 공간을 조성했다. 화양동의 화양초 폐교 부지에 25면, 중곡3동의 변전소 부지에 180면, 소아청소년진료소 부지에 118면의 임시주차장을 만들어 구민에게 개방했다. 광진구청이 신청사로 이사한 후에는 기존 청사의 주차장 66면을 공영주차장, 거주자우선주차장으로 이용하고 있다.

새롭게 건립하거나 재조성하는 공간에는 최우선적으로 공영주차장을 포함하도록 했다. 2024년에는 구의2동 복합청사에 81면, 중곡3동 배나무터 공원에 94면, 2025년은 자양4동 50플러스 캠퍼스에 164면, 자양4동 전통시장에 170면의 공영주차장을 조성했다. 중곡3동 소아청소년진료소 부지에 건설될 공공시설과 중곡4동 긴고랑길 주택가에도 공영주차장 각각 294면과 90면 확충을 추진하고 있다.

주차 공간 확충 외에도 구민 삶의 질 향상을 위한 다양한 생활 SOC 시설을 확충해 나갔다. 구민들의 건강관리와 운동 프로그램을 지원하는 군자건강센터를 비롯해, 행정과 생활편의시설이 융합된 구의2동 복합청사, 다문화 가정을 위한 광진글로벌가족지원센터, 중장년층의 사회 참여와 인생 이모작을 지원하는 50플러스 동부캠퍼스 등 지역 수요에 맞는 공공 인프라를 확충해

▲ 구의2동 복합청사 내 어린이 영어도서관

나가고 있다.

　이러한 생활 SOC 시설들은 구민의 수요를 파악하고 적재적소에 배치해야 전체 구민 삶의 질을 향상시킬 수 있다. 그렇게 하기 위해서 가장 중요한 것은 쉼 없이 현장에 나가 구민들과 소통하는 것이다. 광진구를 가장 잘 아는 전문가는 바로 구민이다. 불편한 부분이 무엇인지, 부족한 부분은 무엇인지, 필요한 부분은 무엇인지 늘 묻고 그 속에서 해답을 찾아야 한다.

▲ 군자건강센터

2장

상생복지

─── 2024년 12월, 행정안전부가 주관하는 '2024년 읍면동 복지·안전서비스 개선 우수사례 경진대회'에서 광진구는 서울시 자치구 중 유일하게 본선에 오른 데 이어, 장관 표창인 최우수상을 수상했다. 복지 사각지대 위기가구를 발굴하고 지역사회 내 촘촘한 복지안전망을 구축하고자 노력한 점을 인정받은 것이다.

2025년 1월 기준 광진구의 국민기초생활보장수급자는 총 14,802명(중복 제외)에 이른다. 세부적으로는 생계급여 8,797명, 의료급여 7,095명, 주거급여 14,408명, 교육급여 1,299명으로 집계된다. 전체 구민의 약 4.4%가 맞춤형 복지 수급자로서 지원을 받고 있다. 하지만 여전히 복지 사각지대에 놓여 혜택을 받지 못하는 이웃들이 많다는 점을 간과할 수 없다.

2022년 8월, 수원의 세 모녀가 생활고로 인해 사망한 사건이 있었다. 이들은 빚 독촉을 피하기 위해 전입신고를 하지 않아 해당 지자체에 복지서비스 신청을 하지 못했다. 복지서비스 신청을 받아 지원해주는 '신청주의' 기반 복지행정의 한계를 보여주는 사건이었다.

복지 사각지대에 몰려 도움을 요청하기도 어려운 약자들까지 찾아 도와주기 위해 촘촘한 복지체계를 구축했다. 먼저, 지역 주민이 직접 고독사 위험 가구 등 취약계층의 안부를 확인하고 위기가구를 동 주민센터로 연결하는 '우리동네돌봄단'을 만들어 모니터링 활동을 강화했다.

또한, 현행법과 제도로 보호받고 있는데 실제 생활비가 부족해서 어려움을 겪고 있는 위기가구나 보호대상은 아니지만 갑작스런 사고나 실직, 수술 등으로 생활이 어려워진 가구를 발굴해 지원하는 '200가구 보듬기' 사업을 광진복지재단과 함께 시작했다. 그리고 출생·육아부터 아동, 청소년, 중장년, 어르신까지 모든 생애주기 맞춤형 복지 지원을 아끼지 않고 있다.

2025년 광진구 세출예산 8,202억 원 중 약 54%에 해당하는 4,427억 원이 복지·보건 관련 예산이다. 이러한 복지정책은 사회안전망을 강화하고, 복지 수혜자들이 다시 경제활동에 참여하거나 지역사회에 기여하는 선순환 구조를 만든다. 당장에는 비용처럼 보이지만, 장기적으로는 지역 발전에 도움이 되는 것이다.

▲ 취약계층 주거환경 개선

아이와 부모님이
행복한 광진

—— 저출생은 현재 한국 사회가 직면한 가장 큰 문제이다. 서울시 복지건강실에서 일했던 10년 전과 비교해 구청장으로 취임한 2022년의 전국 합계출산율은 1.2명에서 0.7명으로 크게 떨어져 있었다. 광진구 또한 예외는 아니다. 2022년 합계출산율은 0.5명, 2023년 합계출산율은 0.4명으로, 서울시 25개 자치구 중 각각 24위, 23위에 머물렀다.

이처럼 수치로만 보았던 저출생 문제는 화양초등학교의 폐교 사례나 주민들과의 대화를 통해 구체적이고 생생한 현실로 다가왔다. 특히 광진구는 노후 주택이 많고 아파트 비율이 낮아 아이를 키우기에 적합한 주거환경이 부족한 실정이었다. 최근 10년 이내 서울시에서 새롭게 개교한 13개의 초등학교는 전부 뉴타운

이나 신도시, 재개발·재건축 사업으로 대규모 아파트 단지가 조성된 지역에 들어섰다. 그만큼 지역의 육아와 출산 문제는 더 이상 개인의 선택이나 책임만으로 치부할 수 없다. 사회 전체가 함께 해결해야 할 과제인 것이다.

지자체에서 근본적으로 해결하는 것은 어렵지만, 적어도 현장에서 듣고 느꼈던 것들은 정책으로 옮기려 노력했다. 취임 직후 「광진구 출산·양육 및 다자녀가정 지원에 관한 조례」를 개정하여 다자녀가정 지원을 확대해 2024년부터 출산축하금을 지원했다. 2025년부터는 첫돌축하금으로 개편하여 기존 셋째 아이부터 지급하던 지원을 첫째 아이부터 받을 수 있도록 했다. 이러한 변화가 출산 직후부터 육아 초기 단계의 부모들에게 현실적인 도움이 되기를 기대했다.

이러한 출산·육아 지원사업이 아무리 잘 준비되어 있어도 이를 알지 못해 혜택을 받지 못한다면 정책의 실효성은 떨어질 수밖에 없다. 이에 결혼부터 임신, 출산, 육아까지 4개 분야 53개의 지원사업을 담은 종합안내서 『아이와 엄마아빠가 행복한 좋은 광진』을 제작해서 동 주민센터나 보건소에 비치했다. 이 책자는 광진구는 물론, 정부와 서울시, 유관기관의 지원사업까지 아우르며 각 사업의 대상, 조건, 신청 방법 등을 한눈에 확인할 수 있도록 구성했다.

육아시설 확충도 게을리하지 않았다. 부모들이 안심하고 아

▲ 어린이집 방문 동화책 구연

이들을 맡기고 키울 수 있는 공간이 부족하다는 것에 주목하여, 2024년까지 키즈카페 3개소와 공동육아방 3개소를 추가로 설치했다. 또한 2028년 개관을 목표로 어린이 전용 복합문화공간인 어린이문화센터 건립을 추진 중이다.

    정책 수립 과정에서 무엇보다 필요한 것은 소통이었다. 아이돌봄, 어린이집, 놀이시설 등 실제 이용하는 부모님들을 직접 만나기도 하고 설문조사도 실시했다. 어린이집의 보육교사들도 만나 현장의 목소리를 들었다. 공동육아나눔터 운영, 점심과 간식만 지원하던 어린이집 급식비 지원을 아침·저녁까지 확대, 어린이집 대체조리사 인건비 지원, 어린이 특별활동비 지원 등 꼭 필요한 지원사업이 소통을 통해 추진될 수 있었다.

▲ 라온공동체 가족운동회

▲ 새날지역아동센터 방문

아이와 부모님이 행복한 광진구는 현장에 나가 아이와 부모님에게 필요한 것이 무엇인지 직접 듣고, 소통하고, 그 필요를 채워주는 것에서 출발한다. 모든 정책의 시작과 끝은 진정성 있는 대화와 소통이다.

어르신이
존중받는 광진

── 2025년 1월 기준, 광진구의 65세 이상 노인 인구는 59,334명으로 전체 인구의 17.9%에 달한다. 그만큼 많은 어르신들이 우리 지역사회에 함께하고 있다. 이분들이 한강의 기적을 이룬 주인공이고, 이분들 덕분에 우리는 자유, 번영 그리고 평화를 누리고 있다. 이분들의 삶을 세심하게 살피고 챙기는 일은 지자체의 당연한 책임이다.

현재 광진구엔 경로당, 노인회관, 요양기관 등 총 233개의 노인복지시설이 운영 중이다. 나는 틈나는 대로 이 시설들을 찾아가 어르신들을 직접 만나 뵙는다. 그분들의 목소리에 귀 기울이고, 생활 속의 사소한 불편함 하나도 놓치지 않으려 노력하고 있다. 그중에서도 특히 어르신들의 일상 쉼터인 경로당은 항상 신

▲ 경로당 그린리모델링 사업

경 써서 살피는 공간이다.

　어르신들이 경로당에서 더욱 쾌적하고 안전하게 지내실 수 있도록, 광진구는 그린리모델링 사업을 통해 저탄소·고효율 냉난방기와 태양광 모듈을 설치하고 있다. 실내 환경을 개선하는 동시에 에너지 효율도 높여 어르신들의 생활 만족도를 높이고자 한 조치이다.

　화양동의 장수노인정은 원래 미등록 경로당으로, 가정집 처마를 이용한 공간에서 운영되고 있었는데, 이곳을 찾는 어르신들에게는 소중한 휴식처였다. 하지만 오래되고 열악한 시설 탓에 안전에 대한 걱정이 컸다. 게다가 미등록 경로당이라 지원을 받기 어려운 상황이었다. 법적 지원대상이 아니라고 해서 가만히 지켜보고만 있을 수는 없었다.

　마침 경로당 맞은편 구립 시설이 비어 있어, 이 공간을 리모델

▲ 화양장수경로당 개소식

링해 경로당을 이전하는 방안을 생각해냈고 그렇게 전국 최초로 미등록 경로당을 구립 경로당으로 전환할 수 있었다. 새롭게 단장된 경로당을 처음 마주한 날, 한 어르신이 고맙다며 눈물을 보이셨다.

작은 공간 하나를 고치는 일도 중요하지만, 지역의 전반적인 복지 인프라를 어떻게 갖춰 나갈지에 대한 고민도 필요하다. 자양동에 설치한 자양노인복지관은 지역 어르신들의 복지사랑방으로 자리 잡았다. 이것을 보고 중곡동 지역에도 노인복지센터 건립을 추진하게 되었다.

중곡역 일대 의료복합단지의 소아청소년진료소 부지는 당초 지하에 주차장을 만들고 상부에 공원을 조성하기로 계획되어 있었다. 하지만 주민편의시설이 부족한 중곡동 주민을 위해 노인복지센터를 포함한 복합개발로 계획을 변경했다. 주민 설문조사를 통해 중곡동 어르신에게 필요한 맞춤형 프로그램도 준비했다. 2026년부터는 본격적으로 예산을 편성하고 첫 삽을 뜨는 것을 목표로 사업을 추진 중이다.

법이 바뀌어 경로당에서 주 5일 식사가 가능하게 되었는데 문득 경로당에서 식사가 늘어남에 따라 지역 외식업체에 어려움이 생기지 않을까 걱정이 되었다. 또 5일 계속 경로당에서만 식사하시면 좀 지루하고 재미가 없지 않을까라는 생각도 들었다.

이에 광진구는 2024년 하반기부터 경로당에 외식데이를 전

▲ 경로당 외식데이

국 최초로 도입하였다. 처음에는 월 2회 시행하던 것을 올해는 월 4회로 확대 시행하고 있다. 월 4회 확대 시행은 음식 조리와 주방 정리 부담을 줄이고자 하는 취지도 담고 있다. 어르신들이 외식데이에 신나게 조그만 나들이를 하시면서 즐겁게 웃으시며 식사하시는 모습을 보면 참으로 좋은 사업이라는 생각이 든다.

　어르신 일자리를 늘리기 위해 광진 숲나루에 카페를 개설하였다. 12분의 어르신께서 신나게 일하시는 광진 숲나루 카페는 기원정사 큰스님의 제안으로 시작되었다.

　"큰스님 감사합니다."

　어르신 복지는 시설 하나를 짓는 데서 그치지 않는다. 중요한 건 그 공간이 어르신들의 삶을 얼마나 변화시키느냐에 있다. 어르신 한 분 한 분의 일상에 실질적인 변화를 만들어낼 수 있는 공간과 서비스를 꾸준히 채워가고자 한다.

▲ 광진 숲나루 카페

　국가를 위해 헌신하신 참전유공자에 대한 예우 또한 결코 잊지 않아야 할 일이다. 지금의 일상이 누군가의 희생 덕분이라는 사실을 잊지 않는 마음이 보훈의 시작이라 생각한다. 그런 마음으로 2023년에 '참전유공자 예우 및 지원에 관한 조례'를 제정하여 6·25 참전유공자 위문금을 신설했다. 2024년 보훈예우수당은 5만 원에서 7만 원으로 인상했다. 구의회와 협의하여 내년에는 10만 원으로 인상할 계획이다.

　여기에 더해 국가보훈부가 추진한 6·25 참전유공자 명비 건립 사업의 최종 대상지로 광진구가 선정되었다. 명비 건립을 위한 준비 과정에서 월남참전유공자 명비도 함께 조성하기로 했다. 그렇게 총 3,136명의 6·25 및 월남참전유공자 성명이 광진무궁화정원의 6개 명비에 새겨지게 되었다. 이 자리를 빌려 국가보훈부와 일하는 데 다리 역할을 해주신 오신환 위원장님께 감사

드린다.

명비 제막식에서 참석자들이 묵묵히 경례를 올리는 모습을 보며 가슴이 뭉클해졌다. 참전유공자분들의 희생과 헌신 위에 세워진 대한민국이 이제는 세계적으로 인정받는 선진국의 반열에 오르게 되었다. 광진무궁화정원에 조성된 명비는 참전유공자의 숭고한 희생을 기억하고, 그분들께 깊이 감사하는 마음을 전하는 소중한 공간으로 남게 될 것이다

우리가 오늘의 자유와 번영을 누릴 수 있는 것은, 국가를 위해 희생하고, 헌신하신 분들이 있었기 때문이다. 앞으로도 그 명예가 우리 공동체 속에서 잊히지 않도록, 보훈 가족들이 존중받고 자부심을 느끼며 살아갈 수 있는 사회를 만드는 데 최선을 다하겠다.

▲ 6·25 참전유공자 전적지 순례

▲ 광진구 6·25 및 월남 참전유공자 명비 제막식

장애인에게
힘이 되어주는 광진

―― 장애인 복지 개선은 단기간에 이루기 어렵다. 변화하는 정책 환경과 장애인의 다양해진 복지 욕구에 효과적으로 대응하기 위해서는 장기적이고 체계적인 계획이 필요하다. 따라서 2023년 초 '장애인복지증진 4개년 계획'을 수립했다. 생활안정, 사회참여, 환경개선, 자립역량 강화, 복지시설 지원이라는 다섯 가지 추진 전략을 중심으로 장애인의 인간다운 삶과 권리 보장을 실현할 수 있는 계획이었다.

이러한 계획이 실효성을 가지기 위해서는 지역 내 장애인의 삶의 조건과 특성을 제대로 이해하는 것이 무엇보다 중요하다. 2025년 기준 광진구에는 구민의 약 3.6%에 해당하는 12,023명의 장애인이 거주하고 있다. 이들의 복지 수요 또한 다양하고 복합적이다. 현재 장애인 연금 수급자는 1,236명, 장애수당 수급자는 1,539명으로, 각각 약 48억 원과 12억 원의 예산이 지원되고 있다. 이는 생활안정을 위한 정책의 기초이며, 광진구 복지정책의 방향성을 보여주는 중요한 지표이기도 하다.

다양한 복지 영역 중에서도 일상생활의 기본이 되는 이동권 보장은 시급한 과제였다. 휠체어나 전동스쿠터를 이용하는 장애인에게는 경사로 하나, 계단 하나가 큰 장애가 될 수 있다. 그래서 시작한 것이 '생활 밀착형 소규모시설 경사로 설치 지원' 사업이다. 약국, 음식점, 카페 등 일상적으로 자주 찾는 공간부터 하나씩 개선해 나갔다. 더 나아가 전동보장구 보험을 도입했다. 혹시 모를 사고로 인한 부담을 줄이고, 조금이나마 안심하고 생활할 수 있도록 돕기 위해서였다.

또한 장애인뿐만 아니라 어르신, 임산부 등 교통약자를 위한 동행버스를 1대 증차하여 확대 운영했다. 교통약자가 무료로 이용할 수 있는 동행버스는 운행 횟수와 배차 간격을 개선하며 더 많은 이들이 불편 없이 이동할 수 있게 되었다. 광진구민이면 몸이 불편하거나 연로하더라도 광진구 어디든 마음 놓고 다닐 수 있는 것이 마땅하다고 생각하기에 내린 결정이었다. 여기에 더해 버스 위치를 실시간으로 확인할 수 있는 위치 확인 시스템을 도입해 이용자들의 편의를 증진했다. 앞으로도 무료버스 운영, 시설물 관리 등 구민들이 불편함 없이 이용할 수 있도록 꾸준히 개

▲ 교통약자 무료 동행버스

선해 나갈 계획이다.

일상생활에서 돌봄이 필요한 발달장애인에 대해서는 특히 더 세심하게 살폈다. 발달장애인의 일상생활 훈련부터 취미활동, 행동지원, 가족지원까지 함께 지원하는 '최중증 발달장애인을 위한 통합돌봄 서비스' 사업은 당사자뿐만 아니라 가족들에게도 큰 도움이 되었다. 직업재활시설이나 주간보호시설 등을 이용하는 발달장애인에게는 월 10만 원의 급식비를 지원했다. 다방면으로 지출이 많아 경제적인 어려움을 겪는 발달장애인 가정에 조금이나마 힘이 되어줄 수 있도록 고민한 것이다.

발달장애인이 사회의 구성원으로서 자립하기 위해서는 일자리가 필수적이다. 따라서 늘 장애인에게 힘이 되어주는 시민교회의 협조 아래 발달장애인의 일자리를 위한 '희망커리어라운지'를

▲ 발달장애인 일자리 허브 '희망커리어라운지' 개소식

열었다. 희망커리어라운지에서 발달장애인들은 일자리 상담, 직무 교육, 기업과 공공기관의 일자리 연계까지 이어지는 통합 발달장애인 일자리 지원을 제공받을 수 있다.

1975년 우리나라 최초의 장애인 이용시설로 개관한 정립회관은 다양한 장애 유형에 대응할 수 있는 '장애인종합복지관'으로 기능을 전환했다. 2024년 새롭게 태어난 정립회관은 지체 장애뿐 아니라 발달, 정신 장애 등 더 많은 장애인을 대상으로 폭넓은 복지서비스를 제공하고 있다.

광진구 신청사 로비에 장애인 바리스타 3명이 근무하는 카페를 열었다. 일자리는 가장 큰 복지이기 때문에 앞으로도 안정적인 일자리를 늘리기 위해 노력하겠다.

▲ 장애인 바리스타 카페

▲ 정립회관 장애인종합복지관 전환 선포식

▲ 시각장애인 쉼터 방문

▲ 2025 광진구 장애인 생활체육대회

행복광진을 실현하는 데, 가장 중요한 것은 '누구도 소외받지 않는 것'이다. 신체가 불편하거나 경제적으로 어려운 이웃도 사회의 구성원으로서 당당하게 자리 잡을 수 있도록 따뜻한 변화를 이어가려 한다.

1인가구와
함께하는 광진

—— 전국의 1인가구는 2023년 기준 전체 2,207만 3천 가구 중 35.5%인 782만 9천 가구로 집계된다. 2018년 584만 9천 가구에서 5년 만에 약 34% 증가한 수치다. 연평균으로 치면 매년 6%씩 증가한 꼴이다. 통계청은 '2022 장래가구추계'에서 2030년의 1인가구 비율을 35.6%로 전망하였지만, 2023년도에 이미 동 수준에 도달함에 따라 '2024 장래가구추계'에서는 2023년에 37.5%, 2040년에는 40%를 돌파하는 것으로 1인가구 비율 전망치를 대폭 상향 조정했다.

서울시는 전국 평균보다 높은 39.3%가 1인가구이며, 광진구는 2023년 기준 총 158,612가구 중 71,959가구가 1인가구로 무려 45.4%에 달한다. 1인가구 수는 서울시 자치구 중 8번째로 많으

구분	가구 수	1인가구 수	비율
전국	22,073,158	7,829,035	35.5%
서울시	4,141,659	1,627,480	39.3%
광진구	158,612	71,959	45.4%
화양동	17,849	14,020	78.5%

▲ 2023년 기준 1인가구 수 및 비율

▲ 1인가구 정책 아이디어 공모전

며, 비율로는 7번째이다. 특히 건국대와 세종대 학생들이 많이 거주하는 화양동은 총 17,849가구 중 14,020가구(78.5%)가 1인가구여서, 관악구의 청룡동에 이어 서울시 행정동 중 2번째로 1인가구가 많다.

　1인가구는 통계적으로 다인가구에 비해 소득이 적고, 일자리 안정성이 낮으며, 월세 거주 비율이 높다. 2023년 실시한 '광진구

1인가구 실태조사'에서 광진구에 거주하는 1인가구가 필요로 하는 지원정책은 1순위가 '주거안정'이었고 2순위가 '생계 및 경제적 자립'이었다.

1인가구의 정책수요에 맞추어 지원하기 위해 소통의 자리를 꾸준히 만들었다. 1인가구 정책 아이디어 공모전을 개최하여 구민과 학생들의 기발한 아이디어를 실제 정책에 반영하였고, 1인가구 비율이 가장 높은 청년들과 진솔한 대화를 하는 '청년소통 구청장실'을 운영했다.

급등하는 주거비로 인해 어려움을 겪는 청년들을 지원하기 위해 2024년 주거안정기금을 신설하고 2025년 '광진형 청년월세 지원사업'을 시작했다. 전세사기 피해를 방지하기 위해 '1인가구

▲ 청년소통 구청장실

전월세 안심계약 도움서비스'와 임차인 권리보호를 중점적으로 다루는 '찾아가는 법률교육'도 함께 추진했다. 1인가구가 가장 많이 거주하고 빌라 비율이 높은 화양동에는 '생활지원센터'를 설치하여 마치 아파트 관리사무소와 같은 생활편의 물품대여 서비스, 정리수납 컨설팅, 방역소독 지원, 간단 집수리 등 생활밀착 공공서비스를 현장에서 신속하게 제공할 계획이다.

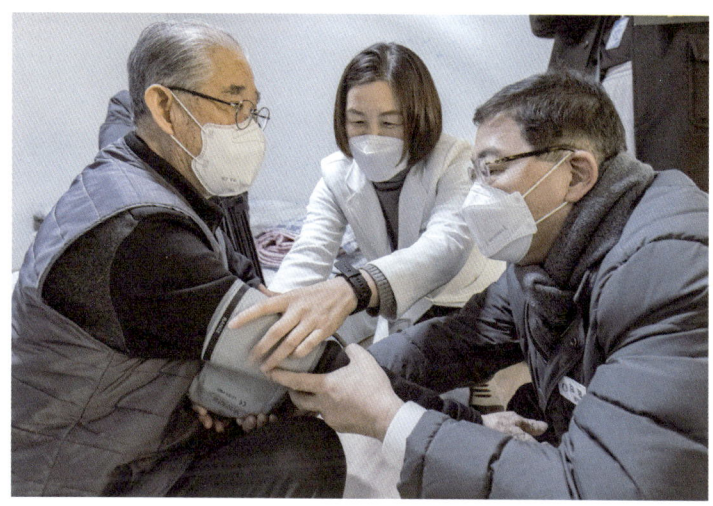

▲ 1인가구 어르신 방문

함께 거주하는 가족이 없어 건강관리에 취약한 1인가구를 위해 '1인가구 무료 건강검진'을 지원하고 특히 어르신 1인가구에 대해서는 음료배달과 스마트 기기를 활용한 안부확인 서비스, AI와 IoT를 활용한 어르신 건강관리 사업도 꾸준히 이어나갔다. 1

▲ 광진구 1인가구 지원센터 개소식

인가구는 식사를 제때 챙기지 못하는 경우가 많아 미취업 1인가구 청년에게는 '청년도시락'을, 중장년 1인가구에게는 '행복한 밥상', 저소득 어르신에게는 무료급식을 지원했다.

1인가구의 다양한 정책수요를 충족하기 위해 2022년 12월 자양4동과 중곡3동에 '광진구 1인가구 지원센터'를 개소했다. 1인가구 지원센터는 1인가구 관계 형성, 요리·문화 프로그램, 휴식공간, 공구대여 등 1인가구에게 꼭 필요한 맞춤형 서비스를 제공한다.

1인가구의 증가는 이제 피할 수 없는 현실이 되었다. 가구 구조의 변화에 따라 행정서비스도 적극적으로 변화해야 한다. 주거와 일자리뿐 아니라 건강·안전·문화 등 다각적인 접근을 통해 미래의 변화를 받아들일 준비를 할 때이다.

3장

경제활력

─── 전 세계를 휩쓸었던 코로나19는 대한민국에도 극심한 피해를 주었다. 특히 소상공인·자영업자는 집합금지 조치와 소비위축이라는 이중고에 시달려야 했다. 세계적인 재난에 따른 사회적 거리두기와 방역에 협조하며 버텨왔던 소상공인의 시름은 코로나19가 종식된 이후에도 줄어들 틈이 없었다. 국내·외 큰 변수가 발생할 때마다 소상공인이 가장 먼저 위험에 노출되었다. 2023년 폐업신고를 한 사업자 수가 100만 명에 육박하며 역대 최대치를 기록했다.

이러한 내수 부진과 제조업 불황으로 실업자 수도 큰 폭으로 증가했다. 특히 청년층의 실업 문제가 심각하다. 2025년 2월 기준 무려 120만 명의 청년이 실업 또는 쉬고 있는 상태라고 한다.

저출생의 영향으로 청년의 수는 감소하는데 실업 상태의 청년은 증가하는 불행한 현상을 보이고 있다.

광진구상공회와 적극적으로 소통하면서, '소상공인 원스톱 지원센터'를 만들어 소상공인과의 접점을 넓히고, 대학교와 건대 맛의거리 등 청년들이 많은 곳을 찾아가 소통했다. 그동안 몰랐던 그들의 고충을 듣고 필요한 것을 알게 되니, 우리가 나아갈 방향을 알게 되었다. 행정의 모든 일은 소통에서 시작하는 것이다.

소상공인의
든든한 버팀목

―― 소상공인들은 지역 경제의 근간을 이루고 있으며, 고용 창출과 상권 유지에 핵심적인 역할을 수행하고 있다. 중소벤처기업부가 발표한 통계에 따르면, 2022년 기준 광진구 내 소상공인으로 분류된 기업 수는 48,401개, 종사자는 64,801명에 이른다.

코로나19로 심각한 타격을 입은 소상공인을 지원하기 위해 민선 8기가 시작되자마자, 광진구는 소상공인시장진흥공단, 서울신용보증재단, 광진구상공회와 협력하여 '소상공인 원스톱 지원센터'를 개소했다. 소상공인을 위해 중앙정부부터 지자체, 공공기관이 다양한 지원을 하고 있지만, 생업에 바쁜 소상공인들은 이런 기관들의 지원사업에 대해 알 길이 없다. 여러 기관을 일일이 방문해야 하는 불편함에 지쳐 지원사업을 포기하는 소상공인

▲ 소상공인 원스톱 지원센터

도 상당히 많다.

이러한 불편함을 해소하고, 한곳에서 필요한 모든 지원을 안내받을 수 있도록 만든 것이 바로 '소상공인 원스톱 지원센터'이다. 금융 지원이나 경영 컨설팅 등 다양한 방법의 지원정책을 한자리에서 상담받을 수 있는 소상공인 원스톱 지원센터는, 지금까지 600분이 넘는 소상공인이 방문하여 지원사업과 연계될 수 있었다.

여러 지원사업 중에서도 운영자금 확보가 절실한 소상공인들에게는 금융 지원이 절실했다. 담보가 부족하다는 이유로 시중 금융권에서 대출이 어려운 경우가 많았기 때문이다. 이를 해결하기 위해 광진구는 서울신용보증재단, 시중 협력은행들과 함께 '광진형 특별융자'를 마련했다. 총 450억 원 규모의 보증재원을 조성해 연 1% 초반의 저금리로 소상공인들에게 자금을 지원할 수 있도록 했다.

이 제도를 통해 자금난을 해결한 자영업자들은 다시 희망을 찾을 수 있었다. 한 소상공인은 "이 융자 덕분에 가게 문을 닫지 않을 수 있었다."며 고마움을 표현하기도 했다.

이런 금융지원 외에도, 소상공인들이 현실적으로 가장 부담스러워하는 문제 중 하나가 배달앱 중개수수료였다. 배달 시장이 급성장하고, 몇몇 민간 플랫폼이 시장을 장악하면서 높은 수수료로 인해 자영업자들은 물론 소비자들까지 부담을 떠안아야 했다.

이에 대응하기 위해 광진구는 신한은행과 협력하여 공공배달앱 '광진땡겨요'를 운영하고 있다. 입점비와 광고료가 없고, 중개수수료도 10%에 육박하는 시중 배달앱보다 저렴한 2%로 낮춰

▲ 찾아가는 소상공인 원스톱 지원센터 홍보

소상공인의 부담을 줄였다. 또한 15% 할인된 '광진땡겨요상품권'을 매월 발행해 소비자들에게도 혜택이 돌아가도록 했다. 광진구와 신한은행의 협업 이후 '광진땡겨요'를 이용하는 구민들은 점점 많아졌다. 2025년 현재 가입자 수는 57,064명, 가맹점 수는 2,298개소에 이른다. 상품권은 발행 당일 완판될 정도로 인기가 높다.

광진구 지역경제에서 또 하나 중요한 역할을 하는 산업은 봉제업이다. 광진구의 봉제업은 1960~1970년대부터 시작되어 동대문시장에 납품하며 광진구의 경제와 고용을 지탱해왔다. 하지만 현재는 인건비 상승과 산업·유통구조 변화로 인해 가내수공업 형태와 하청업체 위주로 남아 어려움을 겪고 있다.

광진구의 대표적인 산업인 봉제업 종사자들에게 실질적인 도움을 주기 위해 지원사업을 물색했다. 중소벤처기업부의 '소공인 복합지원센터 구축·운영 공모사업'에 최종 선정되어 총 40억 원의 예산이 확보되었다.

추진 과정에서 봉제단체 및 소공인들과 끊임없이 소통하며 공간을 구성해 나간 끝에 2023년 11월, '봉제산업 종합지원센터'가 공식적으로 문을 열었다. 이곳에서는 봉제 소공인들을 위한 맞춤형 교육과 생산 공정 개선 지원, 경영 컨설팅 등 다양한 프로그램이 운영되고 있다. 오랫동안 광진구 봉제인들의 숙원사업으로 여겨졌던 봉제센터의 개관은 지역 봉제업의 성장과 경쟁력 강화를 위한 든든한 기반이 되었다.

▲ 봉제산업 종합지원센터 개관

▲ 봉제산업 종합지원센터 플리마켓

젊은이들도 찾는 전통시장

—— 어릴 적 어머니 손을 잡고 시장을 찾았던 기억이 아직도 생생하다. 길게 늘어선 좌판 사이를 오가며 장을 보는 사람들, 파전을 안주 삼아 탁주를 마시는 어르신들, 물건 값을 흥정하는 상인과 손님들의 정겨운 모습까지. 시장은 단순히 물건을 사고파는 공간이 아니라, 사람과 사람이 어우러지는 따뜻한 문화공간이다.

전통시장에 대한 애정은 그 기억에서 비롯되었다. 지금은 어릴 적 보았던 시장의 풍경과 많이 달라졌지만, 여전히 전통시장에 가면 특유의 생동감과 활기가 느껴진다. 광진구에는 중곡제일시장, 자양시장, 화양제일시장 등 저마다의 특색을 지닌 전통시장들이 자리하고 있다. 대부분이 경제 성장기에 늘어난 인구와 함께 주거지 곳곳에 들어서며 오랜 역사를 간직해온 곳들이다.

유형	연번	시장명	소재지	점포수
인정	1	중곡제일	중곡1동	136
	2	자양	자양1동	129
	3	영동교	자양4동	56
	4	노룬산	자양4동	34
	5	화양제일	화양동	77
	6	자양한강	자양4동	82
	7	신성	중곡4동	121
골목형 상점가	8	면곡	중곡3동	51
	9	건리단길	화양동	155
	10	자양15번가	자양1동	88
	11	자마장	자양1동	82

▲ 광진구 전통시장 운영 현황

그러나 시대가 바뀌면서 전통시장의 환경도 급변했다. 대형마트의 등장과 온라인 쇼핑의 확산으로 인해 많은 전통시장이 어려움을 겪고 있다.

정부는 2000년대 중반부터 본격적인 전통시장 활성화 정책을 추진하며 대규모 예산을 투입했다. 이에 따라 광진구 내 전통시장도 건물 개·보수와 주차장, 아케이드(비 가리개) 설치 등 꾸준한 시설개선이 이루어졌다. 하지만 아무리 시설을 정비해도 더 크고 편리한 대형마트와의 경쟁에서 전통시장이 우위를 점하기란 쉽지 않았다.

결국, 전통시장만의 차별화된 매력을 만들어야 했다. 단순히 물건을 사고파는 공간이 아니라, 사람들이 찾고 머물고 싶은 공

▲ 광진구 청년상회 1호점

간이 되어야 했다. 이에 대한 해답은 전통시장을 먹거리, 볼거리, 즐길거리가 있는 문화 복합 공간으로 탈바꿈시키는 것이었다.

　2023년 8월, 관내 전통시장 8개 상인회장과 만나 타 시·도의 성공적인 전통시장 축제 사례를 공유하며 광진구만의 특색 있는 전통시장 축제를 기획하기 시작했다. 전통시장을 단순한 쇼핑 공간이 아닌 하나의 문화 공간으로 변화시키기 위해 시장별 투어 형식의 축제를 개최하는 방안을 논의했다.

　축제 전까지 상인회 회장님들과 지속적으로 소통하며 각 시장의 특성에 맞는 맞춤형 축제를 준비했다. 그해 9월부터 10월까지 먹거리 행사, 페이백 이벤트, 음악회 등 다채로운 프로그램으로 구성된 전통시장 축제가 지역 내 8개 모든 전통시장에서 열렸다. 무엇보다 의미 있었던 것은 축제 기간에 젊은 층의 유입이 큰 폭으로 증가했다는 점이었다. 그동안 전통시장에 큰 관심을 두지 않았던 MZ세대가 직접 시장을 찾으며, 전통시장의 매력을 경험할 기회였다.

더욱 고무적인 것은 축제 이후에도 시장의 매출이 50%까지 상승하는 등 긍정적인 변화가 지속되고 있다는 점이었다. 이는 단순히 일회성 이벤트가 아니라, 전통시장의 경쟁력을 높이고 지속적으로 활성화할 수 있는 가능성을 확인하는 계기가 되었다.

그러나 전통시장이 직면한 또 다른 과제는 바로 고령화 문제였다. 소상공인시장진흥공단의 조사에 따르면, 전통시장 상인의 평균 연령이 60세를 넘어서고 있다. 새로운 활력을 불어넣기 위해서는 젊은 층의 유입이 필수적이었다. 그렇기에 청년 상인의 유입을 이끌어내기 위해 전통시장 내 빈 점포를 청년 창업 공간으로 활용하는 사업을 추진하여 꾸준히 변화를 모색하고 있다.

전통시장은 변화하고 있다. 시설을 현대화하고, 문화를 더하고, 이제는 새로운 세대와 함께 성장하는 공간으로 나아가야 한다. 단순히 과거의 추억을 간직한 공간이 아니라, 현재와 미래를 연결하는 흥겨운 문화공간이 되어야 한다.

앞으로도 전통시장이 더 많은 사람들에게 사랑받고, 지역 경제를 이끄는 중심지가 될 수 있도록 지속적인 지원을 아끼지 않을 것이다.

▲ 2023 자양전통시장 맥주축제

▲ 2024 중곡제일시장 맥주축제

청년과 함께 만드는 청년정책

──── 청년기는 흔히 '인생의 황금기'로 여겨지지만, 오늘날 청년들이 마주한 현실은 그저 아름답지만은 않다. 청년들은 지속적인 취업난은 물론, 높은 주거비 부담으로 자립에 어려움을 겪고 있다. 이와 더불어 사회적 고립과 정신적 불안정 등 복합적인 문제에 직면해 있다. 고용 관련 통계에서 구직활동을 단념하고 쉬는 청년의 수나 비율이 조사를 거듭할수록 통계 작성 이래 역대 최고치를 경신하고 있다. 그래서 청년층을 위한 실효성 있는 정책적 대응이 그 어느 때보다 절실한 시점이다.

2024년 기준 광진구의 청년인구는 114,779명으로 총 인구 331,963명의 34.6%이며 서울시 자치구 중에서도 세 번째로 청년인구 비율이 높다. 특히, 건국대, 세종대와 접해 있는 화양동은 청

▲ 광진구 청년 네트워크 정책 제안 콘테스트

년인구 비율이 무려 65.9%로 주민 3명 중 2명이 청년인 셈이다.

이에 따라 민선 8기 출범 이후, 청년정책에 대한 종합적이고 체계적인 접근이 필요하다고 판단했다. 2022년 청년실태조사를 바탕으로 청년 당사자의 목소리를 담아 정책 수요를 분석했다. 이를 토대로 5개 분야, 35개 세부사업을 포함한 『광진구 청년정책 기본계획(2023~2026)』을 처음으로 수립했다. 청년의 삶 전반을 아우르는 실질적인 지원체계를 구축하기 위한 중요한 첫걸음이었다.

청년을 둘러싼 환경들이 빠르게 변화하고 있기 때문에 그에 따라 제공되는 행정서비스도 달라져야 한다고 생각했다. 맞춤형 정책을 추진하기 위해 필요한 부분이 무엇인지 당사자들과 소통하면서 실생활에 도움이 될 수 있는 정책들을 발굴해 나갔다.

▲ 청년 예비창업가에게 제공하는 공유오피스 '청년창업이룸터'

온라인 환경이 편한 청년들과 소통하기 위해 온라인 소통 플랫폼 '청년포털'을 개설했다. 청년들의 취업역량 강화를 위한 '청년도전지원사업'과 식사를 제때 챙기지 못하는 청년에게 건강한 도시락을 제공하는 '청년 도시락' 사업도 새롭게 시작했다.

또한, 청년들의 제안을 받아들여 어학·자격시험 응시료 지원을 기존 10만 원에서 15만 원으로 확대하고, 사회 진출을 경험할 수 있는 청년행정인턴 지원, 사무실 임차 비용이 부담되는 청년들의 창업 보금자리인 청년창업이룸터를 조성하는 등 청년들의 목소리가 반영된 정책들을 늘려나갔다. 그리고 청년들의 어려운 주거문제를 지원하기 위해 수납공간지원사업, 월세지원사업도 새롭게 시작했다.

이러한 정책적 노력은 대외적으로도 긍정적인 평가를 받고

▲ **청년친화헌정대상 3년 연속 소통대상 수상**

있다. 광진구는 청년들이 직접 참여하여 평가하는 '청년친화헌정대상'에서 2023년부터 2025년까지 3년 연속 '소통대상'을 수상했다.

청년이 광진구에서 행복하고, 결혼 후에도 광진구에 정착해 행복한 출산과 육아를 하고, 평안한 노후를 광진구에서 보내는 것이 진정한 행복광진의 실현이라고 생각한다. 이 어려운 환경과 불투명한 미래를 맞이하고도 희망을 잃지 않고 씩씩하게 앞으로 나아가는 우리 청년들에게 찬사와 응원을 보내며, 늘 광진구가 함께하겠다는 약속을 드린다.

▲ 광진구 청년정책 홍보전 '광진마블'

▲ 건국대학교 청년특강

4장

문화교육

─── 누군가 나에게 미래의 광진구를 한 문장으로 표현하라고 한다면 이렇게 답변할 것이다. "일하기 좋고, 살기 좋고, 쉬기 좋은 도시입니다."

좋은 주거환경, 지역경제의 발전도 중요하지만, 현대인에게는 여가생활을 어떻게 보낼 것인가도 매우 중요하다. 농경시대와 산업화 시대를 거쳐, 이제는 여가생활이 낭비가 아니라 삶을 풍족하게 해주는 중요한 요소가 된 것이다. 예전에 흔했던 아버지의 모습은 닭 우는 새벽부터 농사를 지으러 나가시는 모습, 혹은 일주일 중 6일을 회사에 나가 일하신 뒤 일요일엔 피곤을 이기지 못해 하루 종일 주무시는 모습이었다.

요즘에는 온 가족이 공원에 나와서 즐겁게 여가시간을 보내는 모습을 흔하게 볼 수 있다. 어린이집 연합 운동회를 가보면 아이들의 부모님이 모두 나와 응원을 펼쳐 흡사 가족잔치를 보는 듯하다.

광진구는 문화예술과 생활체육, 평생교육 등 구민의 삶을 채워줄 수 있는 여가를 제공하기 위해 '문화교육국'을 신설하였다. 그리고 가족들이 함께할 수 있는 문화행사와 청년이 젊음을 발산할 수 있는 축제, 어르신들이 함께 즐기는 생활체육 교실 등 모든 연령대를 아우르는 콘텐츠를 풍족하게 채웠다.

나루아트센터, 광진문화원, 광진구민체육센터, 중곡문화체육센터 등 구민이 마음 놓고 문화체육 활동을 할 수 있도록 시설을 개선했다. 또한 8개의 구립도서관과 5개의 스마트도서관을 운영하고 있다. 광진예술문화단체총연합회, 광진구체육회 등 민간과의 협력도 지속적으로 확대하고 있다.

이렇듯 현대인에게 빼놓을 수 없는 여가시간을 풍성하게 만들어주는 것이 지자체의 중요한 역할이다. 광진구는 감사하게도 한강, 중랑천, 아차산, 용마산 등 서울에서 손꼽히는 자연환경을 갖추고 있다. 천혜의 자연환경과 어린이대공원 등 광진구의 자원을 활용해 구민의 삶을 더 풍요롭고 즐겁게 만들어 나갈 것이다.

온 가족이 함께
즐기는 문화생활

―― 문화예술은 도시 품격을 높이고 삶의 여유를 더해주는 중요한 자산이다. 민선 8기를 시작할 무렵, 코로나19로 인해 구민들의 문화생활은 크게 위축된 상태였다. 야외활동이 통제되고 다양한 체험 기회가 줄어든 탓에 일상의 활력이 많이 사라져 있었다. 일상에 활력을 불어넣기 위해서는 구민들의 문화 욕구를 다시 일깨우고 충족시킬 수 있는 기회가 필요했다.

크고 화려한 무대보다는 실생활에 밀착된, 누구나 부담 없이 참여할 수 있는 축제를 목표로 했다. 무엇보다도 '가족'이 중심이 되어 남녀노소 누구나 즐길 수 있는 축제가 필요하다고 느꼈다.

'광진가족 영화제'는 그러한 이유로 시작되었다. 주말 오후, 어린이대공원 잔디광장에서 가족들이 돗자리를 펴고 함께 영화

▲ 광진가족 영화제

를 관람할 수 있도록 기획했다. 단순히 영화를 보는 데 그치지 않고 캐리커처, 타투 스티커, 페이스페인팅 같은 체험 부스를 함께 마련했다. 버스킹 공연도 더해 가족이 함께 어울리는 축제의 분위기를 살렸다.

기대했던 것보다 구민들의 반응은 훨씬 더 좋았다. "가족과 함께 추억을 만들 수 있어 고맙다."는 주민의 말을 들었을 때, 이 작은 영화제가 단순한 행사를 넘어 많은 이들의 기억에 오래 남는 경험이 될 것이라는 확신이 들었다. 그래서 가족이 함께 즐길 수 있는 이러한 행사가 단발성에 그치지 않고 더 많은 가족들이 함께할 수 있는 행사로 발전할 수 있도록 힘을 쏟았다.

2024년과 2025년에는 규모를 조금 더 키워 '광진가족 페스티벌'을 열었다. 이 페스티벌의 중심은 '백일장'과 '그림그리기 대

▲ 구민과 함께하는 생활문화예술축제 동별 노래자랑

회'였다. 주제는 '부모님의 얼굴', '즐거웠던 날', '나의 꿈', '행복한 우리 가족' 등 가족과 일상을 돌아볼 수 있는 내용으로 구성했다. 푸른 잔디 위에 돗자리를 펴고 앉아 아이들이 연필을 쥐고 고민하는 모습이나, 부모와 함께 색을 칠하며 그림을 완성해가는 모습은 저절로 미소가 지어지게 만드는 풍경이었다. 2025년에는 보물찾기를 더해 즐거움을 높였다.

　이러한 축제들은 단순히 즐기는 자리를 넘어서, 가족이 함께하는 소중한 추억을 만들어 주었다. 거창하지는 않아도, 주민들의 일상 속에 스며드는 문화, 누구나 쉽게 접근할 수 있는 자리를 계속해서 구민들에게 선물해 드리고 싶다.

▲ 가족 백일장, 그림그리기 대회

청년과 함께
만드는 축제

─── 2024년 기준 광진구의 청년인구는 114,779명으로 총 인구 331,963명의 34.6%다. 서울시에서도 관악구, 영등포구 다음으로 세 번째로 청년인구 비율이 높다. 세종대와 건국대가 위치해 있어 젊은 활기가 넘치지만, 정작 청년들이 주체가 되는 문화행사는 드물었다. 다양한 문화행사가 열리긴 했지만, 그 안에 청년들의 이야기는 담기지 못했다. 어느 날, 대학가 앞을 지나다 문득 이런 생각이 들었다. '왜 이 학생들의 목소리는 축제 속에 없을까?'

광진구의 청년 축제를 만들기 위해, 기획 단계에서부터 청년들의 의견을 담았다. 건국대와 세종대가 있었기에 학생들의 창의적인 아이디어가 넘쳐났다. 구에서 준비한 축제에 와서 단순히

▲ 청춘대로 축제준비 업무 협약식

즐기다 가는 것이 아니라, 청년이 직접 축제를 기획하고 준비할 수 있다는 점이 청년들의 열정을 끓어오르게 했다.

청년들의 아이디어는 신선하고 대담했다. '정말 이렇게 해도 될까?' 싶은 기획도 있었지만, 현실적인 제약 속에서도 포기하지 않고 수차례 간담회를 열어 생각의 차이를 좁혀갔다. 서로의 생각을 이해하고, 가능한 부분과 조율이 필요한 부분을 함께 논의하는 과정은 결코 쉽지 않았지만, 시간이 지날수록 서로의 간극은 좁혀졌다. 그 끝에 우리는 '청춘대로'라는 이름을 붙인 광진구의 새로운 청년축제를 구상할 수 있었다.

2023년, 마침내 '청춘대로'가 첫 선을 보였다. 공연과 체험 부스는 물론, e-스포츠 중계, 취업 토크쇼, 청년 유튜버와의 대화 시간 등 청년들의 시선을 사로잡는 콘텐츠가 중심이 되었다. 단지

▲ 2024 청춘대로

▲ 2024 능동로 패션 페스티벌

▲ 건대 맛의거리 문화예술 공간 '청춘뜨락'

구경만 하는 축제가 아니라, 자신들의 이야기를 나누고 또래들과 공감할 수 있는 자리였다.

이듬해에는 한 걸음 더 나아갔다. 대학 총학생회와 MOU를 체결하고, 청년 참여형 축제기획단을 꾸렸다. 기획부터 운영까지 청년의 손으로 만들어가는 진짜 '청년축제'가 시작된 것이다. 건국대 의상디자인학과 학생들과 함께한 '능동로 패션 페스티벌'은 청년들의 감각과 실험정신이 고스란히 담긴 무대였다.

어린이대공원 숲속의 무대에서는 청년들의 끼를 뽐낼 수 있는 청춘가요제와 가수들의 무대가 이어졌다. 어린이대공원 정문 일대에는 건국대와 세종대 학생들의 미술작품을 전시하는 연합예술전이 열렸다. 사흘간 능동로와 대학가 일대는 청년들의 열정으로 가득했다.

아차산과 한강공원을 활용한 매력 여가공간 조성

—— 광진구는 천혜의 자연환경을 품고 있다. 남쪽에는 한강이 흐르고 있고, 동쪽과 북쪽으로는 아차산과 용마산의 산줄기가 이어지며, 서쪽은 중랑천이 지난다. 이러한 자연공간은 그 자체로도 주민들의 휴식공간이지만, 아차산배수지와 중랑천 변의 체육공원, 아차산 어울림정원과 뚝섬한강공원 등 자연과 함께하는 여가공간도 조성되어 있다.

아차산은 광진구를 대표하는 소중한 자연유산이다. 서울 도심에서 쉽게 접근할 수 있으면서 고즈넉한 숲길과 역사 유적을 품고 있는 곳, 주민들에게는 일상 속 힐링 공간이 되고, 방문객들에게는 색다른 경험을 제공할 수 있는 명소이다.

하지만 그동안 아차산은 그 잠재력에 비해 충분히 활용되지 못했다. 자연의 매력을 살린 관광 콘텐츠가 부족했고, 주민들의 여가활동을 위한 시설도 다소 미흡했다. 아차산이 광진구민의 삶의 질을 높여주는 장소가 되기 위해서는, 단순히 등산로로만 활용하기보다는 다양한 문화와 휴식을 즐길 수 있는 복합공간으로 조성하는 것이 중요하다고 판단했다.

우선, 아차산을 누구나 편하게 방문할 수 있도록 접근성과 시설을 개선했다. 지난 3년간 등산로 5.7㎞의 안전난간, 데크, 계단, 매트 등 노후 시설물을 정비하고 유휴 공간에는 의자와 정원을 채웠다. 20년 이상 경과해 노후된 아차산 생태공원을 2023년 6월, 6가지 테마 정원으로 이루어진 아차산 어울림정원으로 탈바꿈하여 새롭게 개장했다. 아차산 어울림광장도 정비하여 2024년에는 북크닉(책+소풍)을 즐기는 구민을 위해 야외 도서관 행사를 열었다.

맨발 걷기가 혈액 순환, 면역력 강화, 스트레스 완화 등에 효과가 있다고 알려지며 전국적으로 열풍이 일었다. 맨발 산책을 원하는 등산객들을 위해 아차산 정원과 등산로에 300여 미터의 맨발길을 조성하였다.

아차산의 소나무 숲에는 400여 주의 소나무가 자생하고 있으며, 그중에는 150년 넘게 살아온 노송도 있다. 이 소나무 숲은 1986년 구성된 자연보호연합회의 회원 50여 분이 수십 년간 환경정화 활동을 이어온 곳이다. 이 명품 소나무 숲을 많은 구민이

▲ 아차산 어울림광장 야외 도서관 행사

▲ 아차산 맨발길

▲ 아차산 소나무정원

▲ 2025년 제80회 식목일 기념 탄소중립 직원 나무 심기 행사

즐길 수 있도록 수국, 라일락, 황매화 등 꽃나무 3,700주와 백합, 실유카 등 초화 19,000본을 함께 심었다. 소나무와 꽃들이 어우러진 소나무 정원은 아차산을 찾은 주민들에게 힐링의 공간이 되어주었다.

연령이나 성별에 구애받지 않고 모든 주민이 아차산에서 다양한 힐링을 할 수 있도록 2024년 7월, 아차산 여가센터를 개관했다. 이곳에서는 나무를 활용한 영유아 놀이부터 어르신 운동 프로그램까지 전 연령 대상의 다양한 프로그램을 운영하고 있으며, 예약만 하면 누구나 참가비 없이 이용할 수 있다.

2025년 제80회 식목일을 맞아 아차산 일대에서 '탄소중립 직원 나무 심기 행사'를 열었다. 광진구청 직원 80여 명과 함께 앵두나무, 자두나무, 살구나무 등 유실수 100그루를 심어 도심 내

▲ 아차산 여가센터

탄소를 흡수할 수 있는 유실수 정원을 만들었다. 행사 전에는 자율방재단과 함께 산불 예방 캠페인을 진행했다.

더 나아가, 아차산을 더 경쟁력 있는 관광자원으로 발전시키기 위해 5~6세기에 고구려가 아차산 정상부에 조성한 요새 유적인 홍련봉 보루의 유구보호시설 건립에 박차를 가하고 있다. 2026년 6월 준공 목표인 이 시설은 석축 유구가 삼국시대 원형 그대로 보존 전시되며, 관람객은 유구를 다양한 각도에서 관람할 수 있다. 아차산은 기존 자연환경을 즐기는 공간에서 이제는 자연과 역사유적이 공존하는 복합공간으로서 광진구민을 맞이할 것이다.

아차산과 함께 광진구의 또 다른 핵심 자연자원인 뚝섬한강공원도 빼놓을 수 없다. 2024년에 열린 국제정원박람회는 뚝섬한강공원의 새로운 가능성을 보여준 상징적인 성과였다. 국내외 조경 전문가들이 참여해 다채롭고 아름다운 정원을 조성했으며, 780만 명이 넘는 방문객이 다녀가면서 광진구가 국제 정원문화의 중심지로 성장할 수 있는 잠재력을 입증했다. 이에 따라 서울시와 협력해 '뚝섬시민대정원 관리 협의체'를 구성하고, 주민들이 직접 기획하고 참여하는 프로그램을 확대하여 정원문화를 일상 속에 정착시키고 있다.

2025년 7월, 한 리서치 전문기관에서 실시한 여행자와 현지인이 추천하는 국내 '공원·광장' 여행지 조사에서 광진구가 인천

연수구에 이어 2위로 꼽혔다. 이는 2019년 23위에서 6년 만에 21계단이나 상승한 수치다. 민선8기 들어와 매력 여가공간 조성에 노력한 것이 좋은 평가로 이어진 것이다.

　광진구는 어린이대공원과 뚝섬한강공원 등 주거지와 가까우며 교통 접근성이 뛰어난 공원을 보유하고 있다. 2025년 서울시는 1973년 개장 이후 52년이 지난 어린이대공원을 포함한 주변 일대 총 120만㎡의 구역을 광진구의 새 거점으로 거듭나도록 하는 개발 전략인 '광진구 어린이대공원 일대 신거점 조성 기본구상'을 계획했다. 어린이대공원을 재정비하고 인근 지역을 고밀 개발하여, 서울 속 '센트럴파크'를 조성하는 대규모 계획이다. 오세훈 시장님이 제시한 '비욘드 조닝(beyond zoning)' 개념을 실현하는 대표사례로, 어린이대공원 일대 복합개발을 통해 광진구의 미래 경쟁력을 한층 높일 것으로 기대된다.

▲ 뚝섬한강공원

▲ 하늘에서 바라본 어린이대공원

진학부터 평생교육까지
전 생애주기 교육 지원

─── 교육이야말로 국가의 미래를 결정짓는 핵심 요소이다. 특히, 공교육의 질을 높이고 교육경쟁력을 강화하는 것이 무엇보다 중요하다. 체계적인 교육 지원을 위해 2024년 7월 문화교육국을 신설하고 기존 교육지원과를 교육지원과와 평생교육과로 분리하면서 집중적인 교육지원의 틀을 마련했다.

교육경비 보조금도 2022년 40억 원에서 2025년 80억 원으로 두 배 확대해 관내 69개교(유치원 24개, 초등학교 21개, 중학교 13개, 고등학교 9개, 기타학교 2개)를 지원하고 있다. 그 결과, 학교별 특화 프로그램이 마련되고, 교육 환경이 대폭 개선되었으며, 광진구 학생들의 학습 환경이 많이 좋아졌다.

이러한 노력이 결실을 맺은 것일까. 2025학년도 대입 수능시

구분 학교별	학교수(개)	학급수(개)	학생수(명)	설립별	
				공립	사립
총계	73	1,320	59,003	39	34
학교	49	1,217	57,119	31	18
초등학교	21	597	12,928	18	3
중학교	13	293	7,483	9	4
고등학교	9	274	7,253	3	6
대학교	3	-	28,731	0	3
외국인학교	1	15	278	0	1
기타	2	38	446	1	1
유치원	24	103	1,884	8	16

▲ 광진구 소재 학교 현황
※ 초·중·고·기타·유치원: 2025. 1. 기준 ※ 대학교·외국인학교: 2024년 공시 기준

▲ 기초부터 알아보는 대입 기본 설명회

험에서 광남고의 서장협 군이 일반고 출신으로는 전국에서 유일하게 만점을 받았다는 기쁜 소식을 들었다. 이는 학생과 선생님

들 그리고 부모님의 열정과 노력으로 이룬 값진 성과이지만, 광진구의 교육지원 정책이 직·간접적으로 보탬이 되었다는 점에서 큰 보람을 느꼈다.

교육경비뿐만 아니라 진로 탐색에서 대학 입시까지 단계별 지원도 아끼지 않았다. 진로진학지원 사업은 학생과 학부모 사이에서 큰 호응을 얻고 있는데 온·오프라인을 통해 제공된 진학 프로그램에는 2024년 기준 3만 명이 넘는 학생들이 참여했다. 만족도 조사에서도 93%가 '진로와 진학 방향 설정에 도움이 되었다'고 응답해 긍정적인 평가를 받았다. 또한 2025년 고교학점제 전면 시행을 대비해 고입 설명회, 1:1 진학 상담, 대입 특강 등을 마련해 양질의 맞춤형 지원을 이어가고 있다.

학생들뿐만 아니라 중장년층이 빠르게 변화하는 사회에 적응하고 새로운 기회를 찾을 수 있도록 평생교육 기회도 확대했다. 자양1동에 광진구 평생학습센터를 개관하여 누구나 배움을 지속할 수 있도록 했다. 건국대·세종대와 협력해 실용적인 교육 프로그램을 운영했는데 특히 중장년층이 직업 역량을 강화하고 인생 2막을 준비할 수 있도록 전문적인 교육 과정을 운영했다.

2025년 2월에는 '50+ 동부캠퍼스'를 개관하여 중장년의 직업 역량을 높이는 생애전환 선도 플랫폼이 마련되었다. 이곳에서는 직업 재교육뿐만 아니라, 창업·디지털 역량 강화·사회공헌 활동 등을 위한 맞춤형 교육이 실시되고 있다.

▲ 광진구 평생학습센터 개관식

▲ 학교 앞 소통 나들이

시대 흐름에 맞춰 미래 사회에 대비한 교육환경 구축도 빼놓을 수 없다. 광진구 신청사 지하2층에 마련될 '광진구 미래기술 체험센터'는 AI, 코딩, 드론, 자율주행 등 미래의 핵심 기술을 직접 체험할 수 있는 공간으로 조성된다. 이러한 미래 기술 교육을 강화함으로써, 학생들은 변화하는 시대에 능동적으로 대응할 수 있는 역량을 기를 것이다. 앞으로도 광진구는 AI 교육을 중심으로 미래 사회가 요구하는 인재를 양성하는 데 최선을 다할 것이다.

5장

안전환경

──── 구청장 취임 후 가장 신경 쓴 것은 구민이 안전하고 쾌적한 환경에서 생활할 수 있도록 하는 것이었다. 어두운 곳, 물이 고이는 곳, 쓰레기가 쌓이는 곳이 없도록 하기 위해 틈틈이 광진구 구석구석을 누볐다. 그리고 구민들을 만날 때마다 불편한 점과 구청에 바라는 점을 꼭 말씀해 달라고 부탁했다.

역시 책상 앞에서 보이지 않는 것들이 현장에는 선명하게 드러났다. 골목에서 고개를 숙이면 깨지거나 꺼진 바닥과 쌓여 있는 쓰레기가 보였다. 고개를 들면 어지럽게 늘어진 공중 케이블과 어두운 보안등이 눈에 들어왔다.

쾌적한 환경을 만들기 위한 핵심 사업으로 '도시 비우기'를 추진했다. 보행자의 통행을 막고 미관을 해치는 가로 화분이나 노

▲ 거리 비우기 후 설치된 의자

상 적치물 등을 정리했다. 그렇게 불필요한 요소를 덜어냄으로써 채움과 비움이 조화로운 안전한 도시 환경을 구현하고자 했고 비운 공간에는 가급적 의자를 설치하여 누구나 쉬어 갈 수 있도록 했다.

교통안전을 위해 어린이보호구역의 시인성 강화와 함께 안전시설을 확충했고, 통학로 주변 전신주를 이설했다. 학교 주변의 차도를 재구획하고 대각선 횡단보도를 신설하여 아이들이 안심하고 등하교할 수 있는 환경을 만들었다. 그 결과 2024년 행정안전부에서 주관하는 '제14회 어린이 안전대상'에서 최고상인 대통령상을 수상했다.

구민들의 교통 편의성을 높이고 지역 내 이동을 원활히 만들기 위해서도 노력했다. 군자역사거리와 보건복지행정타운 앞 등

▲ 시인성이 강화된 어린이보호구역 횡단보도와 시설물

에 유턴차로를 신설했다. 지역 주민의 16년 숙원이었던 지하철 7호선 뚝섬유원지역의 명칭을 자양역(뚝섬한강공원)으로 변경했다. 2222번 버스 노선을 연장했고, 9403번 광역버스를 422번 간선버스로 전환하여 주민들의 교통비 부담을 줄였다.

 이러한 변화들은 단순한 시설 정비를 넘어, 구민들이 더욱 안전하고 편리한 일상을 누릴 수 있도록 하기 위한 꾸준한 소통과 노력의 결과였다. 도시 공간이 정돈될수록 보행자는 더 안전해지고, 교통체계가 개선될수록 이동이 편리해졌다. 하지만 안전하고 쾌적한 환경은 단순히 행정의 힘만으로 완성될 수 없다. 구민과의 소통을 바탕으로 함께 만들어갈 때, 의미 있는 변화가 이루어진다.

생활쓰레기
주 6일 수거제

―― 구민들이 진정으로 필요로 하는 것을 알기 위해 현장으로 자주 나갔고, 골목 구석구석을 살펴보았다. 가장 눈에 들어온 것은 건물 앞이나 전신주, 의류수거함 주변에 방치되어 있는 쓰레기였다.

무단 투기된 쓰레기도 있었지만, 대부분은 일반적으로 종량제 봉투에 담긴 일반쓰레기와 분리배출된 재활용 쓰레기였다. 구민들이 쓰레기 배출 요일과 시간을 정확하게 알지 못해 수거일이 아닌 날에 배출한 쓰레기들이 방치된 채 하루를 넘기고 있었다.

기존의 광진구 생활쓰레기는 동별로 일·화·목 또는 월·수·금 격일로 수거되었다. 그리고 동마다 배출 요일이 정해져 있어 옆 동과 배출 요일이 다르다면 길 하나를 두고 한쪽은 쓰레기가 쌓여 있고 한쪽은 수거해가는 모습이 보이기도 했다.

아파트의 경우에는 쓰레기 배출 절차가 일원화되어 있다. 각 동의 엘리베이터 게시판에 공지하는 등 주민에게 알리기 쉽지만, 일반 주택에 사는 주민의 경우 배출 요일과 시간을 별도로 홈페이지나 게시판 등을 찾아가서 알아내야 한다. 배출 요일이 아닌 날에 쓰레기를 배출한다면 길게는 2일에서 3일까지 거리에 쓰레기가 쌓인 채로 남아 있다.

특히, 광진구는 대학생 1인가구 비율이 매우 높다. 건국대와 세종대에 다니며 자취하는 1인 가구의 경우 방학에는 본가로 내려가고 학기가 시작되면 광진구로 올라와 살기 때문에 생활쓰레기 배출 요일이나 시간을 모르는 경우가 많다.

구민의 불편을 줄이고, 쾌적한 거리를 만들기 위해서 2023년부터 생활쓰레기 주 6일 수거제 도입에 대해 꼼꼼하게 검토하고 청소대행업체들과 협의한 결과 2024년 1월 1일부터 기존의 '생활쓰레기 격일 수거제'에서 '생활쓰레기 주 6일 수거제'로 개편했다. 토요일을 제외한 모든 요일에 집 앞에 쓰레기를 배출하고, 당일에 수거하여 모든 동의 거리가 깨끗하게 비워질 수 있었다.

처음에는 시행착오가 있었다. 청소대행업체의 담당구역 변경도 있고 수거일이 늘어남에 따라 인력 배치 문제도 있었다. 가능한 한 빨리 문제를 해결할 수 있도록 매일 골목을 다니고 구민들에게 쓰레기 수거 관련 불편한 점이 있으신지 물었다.

▲ 새벽까지 이어지는 쓰레기 수거 작업

구민에게 의견을 받아 즉시 보완에 나섰다. 수거 대행업체의 담당구역과 수거 시간에 대해 면밀히 점검하고, 인력이 부족한 구역은 추가 인력을 배치하여 시간 내에 집 앞에 내놓은 쓰레기를 수거할 수 있도록 했다.

집 앞에 내놓은 생활쓰레기가 즉시 수거되고, 동별로 수거하는 요일이 달라 불편했던 점이 사라지자, 아침에 골목을 걸으면 쓰레기 쌓인 곳이 많이 사라졌다. 주 6일 수거제를 시작했던 2024년 1월 196개에 달했던 상습 무단투기 지역이 12월에는 94개로 52%가 감소했다.

새로운 정책이 시행된 결과가 눈에 확연히 보이니 주민들의 정책 체감도와 만족도가 높아졌다. 2024년 구민 만족도 조사에서 1천 명의 구민들 대상으로 일대일 면접 설문을 진행한 결과 민선 8기 광진구 사업 중 가장 만족하는 10대 사업 중 '생활쓰레기 주 6일 수거제'가 1위를 차지했다.

서울시가 적극행정 문화를 확산하고 우수사례를 전파하기 위해 실시하는 '2024 하반기 적극행정 우수사례 선발'에서 자치구 중 유일하게 광진구의 '생활쓰레기 주 6일 수거제'가 최우수 사례로 선정되었다. 특히, 서울시 엠보팅(M-voting) 시민 투표에서 자치구 12개 모범사례 중 1위를 차지하여 구민과 타 자치구에서 모두 인정받는 정책으로 주목받았다.

구민이 불편해하는 것을 듣고 해소하려고 노력한 결과, 구민이 체감할 수 있는 생활 밀착형 정책을 발굴할 수 있었다. 광진구에 대해 가장 잘 알고 있는 '구정 전문가'는 바로 구민이다. 최고의 구정 전문가인 구민들에게 배우고 의견을 구해야만 '소통하며 발전하는 행복광진'을 실현할 수 있다고 생각한다.

원칙과 꾸준한 소통으로
이루어낸 노점 정비

──── 도시의 청결과 위생, 쾌적한 환경은 구민의 안전과 행복에 직결되는 중요한 문제이다. 비우기 시작하면 지저분하고 좁았던 거리가 넓어지고, 안전하고 편리한 도시의 진면목이 드러난다.

광진구는 2호선이 지나는 아차산로를 따라 건대입구역, 구의역, 강변역 주변에 수많은 노점이 난립해 있었다. 구민들의 보행로로 쓰여야 할 보도 위에 불법 노점이 점유하고 있어, 보행을 방해하는 것은 물론 도시 미관을 훼손하고 위생까지 저해하고 있었다. 이로 인해 관련 민원이 끊이지 않았다.

지하철역 인근은 수많은 구민이 출퇴근과 통학을 위해 이용하는 주요 동선인 만큼, 보행 안전을 확보하기 위해 노점 정비는 매우 시급한 과제였다. 이에 따라 민선 8기 출범과 동시에 광진구 전역의 노점 실태를 전수조사하고, 체계적인 정비계획을 수립하였다.

당시 나는 담당 공무원들에게 이렇게 당부했다. "이 노점에서 30년 넘게 장사한 분들도 많을 것이고, 이제는 아들딸도 다 키웠을 겁니다. 자녀들 중에는 '이제 그만하시라'고 말리는 이도 있을 거예요. 무조건 단속하기보다, 충분히 그리고 꾸준히 소통하면서 설득하세요. 사람의 마음을 얻는 게 먼저입니다."

이러한 방향 아래 첫 목표로 정한 곳이 강변역 주변의 강변우성아파트 담장을 따라 들어서 있던 포장마차였다.

구분	합계	건대입구역	강변역	군자역	구의역	아차산역	기타
정비대상	295	97	88	19	8	16	67
정비완료	174	63	63	5	7	3	33

▲ 광진구 거리가게(노점) 정비현황
※ 2022. 7.~2025. 9.
(단위: 개소)

시급한 문제이지만 확실한 문제해결을 위해서는 '오래 걸리더라도 원칙을 가지고 꾸준히' 추진하기로 했다. 노점 운영자들과 끊임없이 소통하여 합의점을 도출해 나갔다.

처음에는 노점 운영자들의 거센 반발에 부딪혔지만, 6개월 이상 지속적인 대화와 설득을 통해 2023년 7월, 아파트 담장에 접해서 설치된 19개 노점의 철거 동의를 받아 물리적 충돌 없이 강변우성아파트 일대의 노점을 정비할 수 있었다. 민선 8기 구정

▲ 구의3동 강변우성아파트 주변 노점 철거

▲ 노점 정비 후 쾌적해진 강변우성아파트 담장길

▲ 구의공원 주변 노점 철거 현장

▲ 노점 정비 후 넓어진 인도

운영의 핵심가치인 '소통행정'이 만든 성과였다.

　이듬해에는 강변역과 구의역 일대의 노점을 정비하고 깨끗한 보행로를 조성했다. 꾸준히 노점 운영자들과 사전 협의를 거치고 자진 정비할 수 있도록 안내했지만 이곳의 노점 운영자들도 처음에는 반발했다. 그러나 지속적인 대화와 설득으로 2024년 4월에 강변역 일대 18개소와 구의역 일대 5개소, 총 23개소의 노점을 정비할 수 있었다. 7월에는 구의공원 일대의 노점 12개의 운영자에게 자진 정비할 것을 통보했다. 이후 개별 면담을 통해 철거 동의를 얻어 버스 환승정류소 뒤편 길을 구민들이 쾌적하게 이용할 수 있도록 포장마차를 전부 정비했다.

　특히 강변역과 구의공원 주변은 포장마차가 난립하여 심야 음주로 인한 소음과 치안 문제, 위생 문제까지 일으킬 수 있어 이곳의 노점 정비는 인근 주민들의 오랜 숙원이었다. 구민들은 구청에 신뢰를 보내주고, 구청 직원은 끊임없이 현장으로 나가 소통했다. 노점 운영자들은 지속적인 대화를 통해 노점 철거의 시급성을 인정하고 철거에 동의해 주어 넓고 쾌적한 거리를 구민에게 되돌려 드릴 수 있었다.

　2025년은 건대입구역 노점 정비를 시작했다. 건대입구역 주변은 유동인구가 많고 건국대학교, 세종대학교가 주변에 있어 대학생과 젊은 직장인들로 붐비는 곳이다. 오래전부터 먹거리와 타로, 사주카페 등 노점이 생겨났다. 90여 개의 노점이 보도를 차지

▲ 건대입구역 일대 노점 밀집지역 현장 방문

▲ 건대입구역 불법 거리가게 근절 민·관·경 합동 캠페인

하여 보행자의 통행을 방해하고 버스 정류소에서 버스 승하차를 하는 사람들의 시야를 가려 안전에도 위협을 주고 있다.

건대입구역 일대의 경우에도 일관된 원칙을 지키면서 노점 운영자들과 꾸준하게 소통하며 설득한 결과 2025년 3월 건대입구역 능동로 변의 노점 7곳을 철거할 수 있었다. 그러나 다수의 노점은 계속해서 불법 영업을 이어가고 있었다. 2024년 도로를 불법 점유하고 있는 노점 상인들에게 도로 원상회복 명령을 고지했고, 2025년 6월에는 구민, 경찰과 함께 민관 합동 캠페인을 벌였으며, 7월에는 불법 노점 자진 정비를 촉구하는 계고장을 부착하고 과태료를 부과했다. 그럼에도 불법 영업을 이어가는 노점들에 대해서는 더 이상 시간을 줄 수 없었다.

2025년 9월, 행정대집행 절차를 통해 건대입구역 주변에 밀집된 75개의 노점 중 46곳을 정비했다. 노점 상인과 관련 단체의 항의가 있었지만, 무엇보다 구민의 보행권과 쾌적한 거리를 위해 내린 결정이었다. 실제 조사 결과, 75개의 노점 중 70개가 불법 전매와 전대를 통해 이권화 되었고, 운영중인 노점의 71%인 51개소가 타로, 사주 카페였다. 이른바 생계형 영세 노점으로 보기 어려운 실정이었다.

대부분의 영세 상인들은 이미 노점을 정리하고 물러난 상황이었으며, 불법 노점 바로 앞의 상가는 임대료와 세금을 성실히 내면서도 불경기를 버티지 못하고 폐업하여 공실이 되어 있었다.

▲ 정비 전 건대입구역 주변 보도

▲ 불법 노점상 정비 후 넓어진 보도

이런 현실을 고려할 때, 이번 정비는 구청장으로서 반드시 매듭 지어야 할 일이었다.

민선 8기 이후 광진구의 노점 279곳 중 약 62%에 해당하는 172곳을 정비하여 넓고 탁 트인 거리를 만들 수 있었다. 노점 정비 과정에서 가장 중요하게 여긴 것은 상인들과의 진심 어린 소통이었고, 이 과정을 통해 상당수의 노점 상인들이 자발적으로 불법 영업을 포기하고 제도권 안으로 들어오게 되었다. 충분한 시간을 두고 소통했음에도 불구하고 노점을 포기하지 않아 주민의 생활 불편이 지속된 곳에 대해서는 원칙에 따라 법을 집행했다. '소통하며 발전하는 행복광진'의 가장 기본이 되는 원칙은 바로 구민의 안전과 행복이다.

구민 이동 편의를 위한 교통체계 개선

―― 교통체계는 도시의 혈관과 같다. 원활하게 흐르지 못하면 곳곳에서 문제가 생기고, 구민들의 삶의 질에도 영향을 미친다. 작은 불편함이 반복되면 일상이 불편해지고, 나아가 지역 전체의 경쟁력을 악화시킨다.

광진구의 도로는 총연장 324.662㎞에 이르며, 이 중 주요 교통 흐름을 담당하는 간선도로는 시도 14개 70.54㎞, 구도 12개 14.71㎞이다. 동쪽으로는 구리시와 이어지며, 북쪽으로는 중랑구, 서쪽으로는 성동구와 접한다. 7개의 한강다리는 강남구, 송파구, 강동구와 광진을 이어주고, 중랑천 교량을 건너면 동대문구와 통한다. 그야말로 서울의 동쪽 관문이라고 할 수 있는 교통의 요지이다.

다른 지역에 거주하면서 광진구에 근무하는 근로자들은 어떤 경로로 출퇴근하는지, 학생들은 어떤 길로 등하교하는지 알아보기 위해 모든 도로와 골목을 구석구석 다녔다. 광진구를 지나는 대중교통도 출퇴근 시간에 직접 이용해 보면서 구민들을 만날 때마다 어떠한 점이 불편한지, 개선해야 할 점은 무엇인지 여쭤어 보았다. 군자역 주변 주민들은 군자역사거리의 유턴차로 신설을 2009년부터 13년간 요청해 왔었다. 어린이대공원 후문 방면에서 능동으로 들어오는 차는 유턴차로가 없어 P턴 등 우회 통행으로 많은 시간을 소모하면서 진입해야만 했기에 주민 불편이 심했다.

민선 8기 출범 직후 팔을 걷어붙여 2022년 8월부터 주민 간담회를 열어 주민 의견을 수렴했고, 천호대로 운영 주체인 서울시와 교통시설심의를 주관하는 서울지방경찰청과 긴밀한 협력관계를 구축해 유턴차로의 빠른 신설을 추진했다.

이러한 노력으로 약 3개월 만인 2022년 10월 27일 군자역사거리 유턴차로 설치를 완료했다. 기존 좌회전 차선을 좌회전·유턴 공용 차선으로 변경해 능동 주민들의 13년 숙원을 풀었다. 같은 방식으로 중곡동 국립정신건강센터와 보건복지행정타운, 화양동의 화양시장삼거리에도 주민 통행 편의를 위한 유턴차로를 신설했다.

2008년부터 7호선 뚝섬유원지역의 역명을 자양역으로 변경을 요구했던 자양동 주민들의 16년 숙원도 해결되었다. 당초

▲ 군자역사거리 유턴차로 신설

▲ 국립정신건강센터 앞 유턴차로 신설

1992년 자양역으로 추진되었으나, 당시 노유동 주민의 반대와 한강공원 홍보 정책의 일환으로 뚝섬유원지역이 되었다. 2023년부터 역명 공모, 주민 선호도 조사, 지명위원회를 거쳐 2024년 3월 자양역(뚝섬한강공원)으로 역명 변경이 확정되었다. 서울시 지명위원회에 직접 출석하여 진지하게 설명한 보람이 있었다.

이외에도 자양사거리 교통섬 철거 및 횡단보도 개선, 영동대교 북단 일대 도로 폭 확장 등 통행이 불편한 지점을 찾아 교통환경을 개선하고 긴고랑로, 광진경찰서 앞, 신자초 후문 등 횡단보도가 필요한 곳은 횡단보도를 신설했다.

대중교통 편의도 개선했다. 그동안 대중교통을 이용하려면 긴 거리를 걸어서 이동해야만 했던 자양2동 자양강변길 주변 구민

▲ 뚝섬유원지역 → 자양역(뚝섬한강공원) 역명 변경

들을 위해 2222번 버스의 노선을 자양강변길까지 연장하고 3개의 정류소를 신설했다. 또한 9403번 광역버스를 422번 간선버스로 개편하여 구민의 대중교통비 부담을 완화했다.

이러한 변화들은 구민 한 사람 한 사람이 더 편리하고 안전하게 이동할 수 있도록 하기 위한 노력이었다. 일상의 작은 불편사항을 하나씩 줄여나가는 것이 교통행정의 본질이다. 지금 가장 큰 숙제는 군자역 사거리에 횡단보도를 신설하는 것이다. 유관기관과 꾸준히 협의하여 반드시 결실을 얻도록 하겠다.

아이 키우기 좋은
안전한 도시, 광진

—— 2024년 9월 광진경찰서, 광진모범운전자회와 함께 구의초등학교 통학로에서 '아이 먼저 어린이 교통안전 캠페인'을 진행했다. 운전자의 배려 운전을 유도하는 '아이 먼저 보내주세요' 피켓을 들고 횡단보도 앞에 서 있으니 길을 건너는 어린이들이 웃으며 인사를 해주었다.

어린이들이 삼삼오오 모여 등교하는 모습을 보면 자연스럽게 미소가 지어진다. 이 아이들이 웃음을 잃지 않고 안전하게 자라도록 하는 것이 구청장으로서, 어른으로서 마땅한 책임이다.

광진구에는 초등학교 21개소, 유치원 22개소, 어린이집 18개소, 기타 학교(외국인, 특수) 3개소의 통학로 총 64개소가 어린이 보호구역으로 지정되어 있다.

어린이보호구역은 교통사고에 대처할 수 있는 능력이 성인과 비교하여 부족한 어린이들을 위해 꼭 필요하다. 불편을 최소화하면서도 안전을 최우선으로 하는 어린이보호구역을 만들기 위해 학부모, 주민과의 간담회를 통해 소통했다. 주민 의견을 반영하여 '어린이보호구역 통학 안전 4개년 계획'을 수립하고 120억 원의 예산을 투입하여 어린이보호구역 안전을 강화했다.

주민 의견수렴과 연구용역을 거쳐 광진구 64개소의 어린이보호구역의 실태를 파악하고 시설물을 점검했다. 가장 우선적으로 추진한 것은 보행로와 차도가 분리되어 있지 않은 10개 초등학교 통학로를 정비하는 것이었다.

보도를 설치할 수 있는 곳은 보도를 신설하고, 차로 재구획,

▲ '아이 먼저' 어린이 교통안전 캠페인

스마트폴 등 안전 시설물과 보행로를 지켜주는 방호울타리를 설치했으며, 어린이보호구역의 횡단보도와 방호울타리는 흰색이 아닌 노란색으로 칠해 시인성을 강화했다.

운전자를 위한 배려도 잊지 않았다. 노면에 어린이보호구역 기종점을 표시하여 운전자가 어린이보호구역에 진출입하는 것을 확실하게 알 수 있도록 했다. 그리고 통학로 중 경사진 곳은 겨울철 미끄럼 방지를 위해 열선을 설치했다.

	노란 횡단보도	LED발광형 표지판	스마트폴	과속단속 카메라	방호울타리
총 설치현황	359개소	295개소	17개소	44개소	17,221m

▲ 광진구 어린이보호구역 안전시설물 현황

어린이보호구역과 통학로 안전 강화 외에도 우리 아이들이 안전하게 자랄 수 있도록 다방면으로 노력했다. 우선 어린이와 학부모의 의견을 듣기 위해 광진구 내 모든 학교에 '학교 소통 나들이'를 부지런히 다녔다. 총 115번의 소통 과정에서 13개 학교의 노후시설을 정비하여 위험 요인을 없앴다.

어린이들이 다니는 길에 늘어서 있는 유해·퇴폐업소 근절 캠페인을 벌여 8개 업소를 자진 폐업 또는 업종 변경을 유도했고, 서울시 최초로 '어린이공원 스마트 안심쉼터'를 8개 어린이공원에 설치했다. 이 밖에도 어린이 놀이시설 안전점검, 등교시간 차량통행 제한, 영유아 배상보험 가입, 맞춤형 안전교육 등 어린이

▲ 어린이보호구역 노란색 횡단보도

안전을 위해 부단히 노력했다.

이러한 노력의 결과로 행정안전부에서 주관하는 2024년도 '제14회 어린이 안전대상'에서 대상인 대통령상을 수상했다. '어린이 안전대상'은 안전사고 예방 우수 시책을 펼친 지방자치단체를 가리는 공모사업으로, 서면심사와 현장실사, 온라인 국민 투표를 거쳐 전국에서 단 4개의 기관만 선정한다.

이러한 성과들은 광진구청의 노력으로만 얻은 것이 아닌 아이를 안심하고 키울 수 있는 광진을 만들고자 하는 모든 부모님들과 함께 이룬 성과였다. 매일 아이들이 웃고 떠드는 평범한 일상이야말로 우리가 지켜야 하는 가장 소중한 풍경이다.

▲ 2024년 제14회 어린이 안전대상 '대통령상' 수상

▲ 구의3동 개나리어린이공원 스마트 안심쉼터

빈틈없는 재난안전

─── TV나 신문에서나 보았던 기후 위기는 어느새 우리 몸으로 체감할 수 있을 정도가 되었다. 매년 나오는 '역대급 무더위', '역대급 폭설' 등 '역대급'이라는 표현이 놀랍지 않을 정도로 기상이변이 잦아지고 있다. 2022년 8월, 구청장에 취임한 지 1달이 지났을 무렵 서울을 포함한 중부지방에 기록적인 호우가 쏟아졌다. 심야 폭우로 수해가 예상되어 밤 9시경 구청으로 급히 복귀하고 재난안전본부를 찾았다.

즉시 중랑천 진출입로 통제와 동별 수해 취약가구 피해 예방 활동을 지시하고 현장으로 나갔다. 가장 먼저 자양 빗물펌프장을 찾아 배수펌프 가동 상태를 확인하고 자양나들목과 광장동 정보도서관 둔치를 찾아 한강 수위를 점검했다. 하천의 범람이나 하

▲ 2022년 8월 폭우 심야점검(한강둔치)

  천 변 진출입 관리가 제대로 이루어지지 않을 경우 자칫 인명사고가 발생할 수 있기에 최우선적으로 한강과 중랑천을 살폈다.

  이후에는 중랑천 변 장미정원과 보행산책로 등 침수와 토사로 피해를 입은 시설을 방문하여 시설 복구와 추가 피해 예방을 당부했다. 폭우로 인해 서울을 포함해 수도권에서만 이틀간 14명이 안타깝게 목숨을 잃었다. 임기를 시작하고 얼마 지나지 않아 겪은 폭우 때문에, 3년이 지난 지금도 침수피해 예방을 위한 일에는 시간과 예산을 아끼지 않는다.

  여름에는 비가 걱정이지만 겨울에는 눈이 말썽이다. 특히 광진구는 아차산과 인접한 중곡4동, 구의2동, 광장동을 포함하여 여러 곳에 급경사지가 있다. 보행자가 눈길에 넘어져도 문제이지

▲ 2022년 8월 폭우 심야점검(자양 빗물펌프장)

▲ 중랑천 장미정원 침수피해 복구

▲ 도로 열선이 설치된 용곡초교 통학로

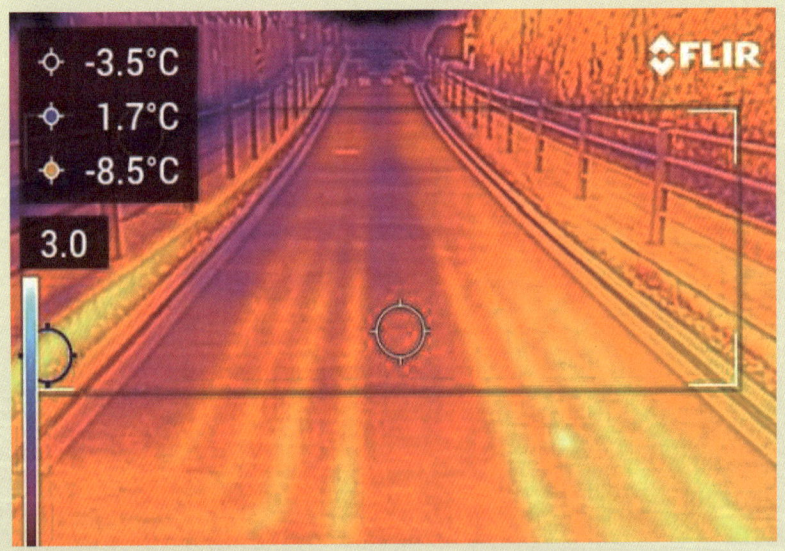

▲ 용곡초교 통학로 열선 작동

만, 차량이 눈에 미끄러지면 치명적인 사고가 발생할 수 있기에 급경사지나 주요 통학로에는 도로 열선을 설치했다. 도로에 설치된 열선은 원격 제어를 통해 폭설 예보나 단계별 상황에 따라 상황실에서 작동한다.

안전을 위해 설치한 열선은 차량의 미끄럼을 방지해 폭설 시 출퇴근 교통대란을 방지하는 효과도 있어 구민들이 체감할 수 있는 사업으로 자리 잡았다. 2024년까지 32곳에 설치한 열선은 2025년에도 추가로 20곳에 설치를 완료하였거나 설치 계획 중이다.

자연재해뿐 아니라 인재 예방도 매우 중요하다. 2022년 이태원에서 발생한 안타까운 사고는 서울 한복판에서도 다중 인명피

▲ 유관기관 합동 다중운집 대응 훈련

해가 발생할 수 있다는 것을 경고했다. 광진구도 건대 맛의거리 등 젊은이들이 많이 찾는 장소가 있어 다중인파 관리에 철저히 대응하고 있다.

이러한 노력을 인정받아 광진구는 행정안전부 주관 재난관리평가에서 3년 연속 우수기관에 선정되었으며, 2025년에는 재난관리평가가 시작된 2005년 이후 처음으로 광진구가 최우수기관으로 선정되어 대통령상을 수상했다. 재난관리평가와 더불어 '재난대응 안전한국 훈련' 등 행정안전부 주관 중앙평가에서 매년 우수기관으로 선정되어 빈틈없는 재난대응 체계를 확립해오고 있다.

재난안전은 구민의 생명과 직결되는 문제이기에 늘 대비하고 있어야 한다. 풍수해나 연말연시 등 중요한 순간에 24시간 재난안전대책본부를 가동하며 재난에 대비하고 있는 광진구청 좋은 친구들에게 칭찬과 감사의 마음을 전하고 싶다.

▲ 2022 광진구 재난대응 안전한국 훈련

▲ 밤에도 계속되는 광진구의 제설작업

6장
―
열린 소통

—— "많이 가르쳐 주십시오."

구민들을 만나는 자리에서는 항상 이 말로 마무리를 짓는다. 단순한 인사치레가 아니라, 정책을 펼쳐나가기 위해서는 구정의 수요자인 구민으로부터 무엇이 필요한지, 어떻게 해드려야 하는지 직접 들어야 효과적으로 일을 할 수 있기 때문이다.

공무원이 아무리 똑똑하더라도 구민의 마음속까지 읽고 원하는 정책을 만들어낼 수는 없다. 최신 통계자료를 검토하고, 다른 지역의 우수정책이라고 알려진 정책을 아무리 잘 가져와도, 우리 구민이 필요하다고 느끼지 않으면 실효성 없는 보여주기식의 예산 낭비일 뿐이다.

구민이 길을 걷다가도 명찰을 보고 말을 걸어주시길 바라는 마음에 초심을 지키겠다는 각오로 늘 '김경호 광진구청장'이라는 초심 명찰을 패용한다. 또한 격의 없이 편하게 말을 거실 수 있도록, 그리고 언제든지 무슨 일이라도 할 수 있도록 항상 편한 옷을 입는다. 이제는 길을 걷다 보면 먼저 알아봐 주시고 다가오셔서 불편한 점이나 필요한 것을 말씀해 주시기도 한다.

구청장이 매일 아침 직통문자로 온 민원을 직접 챙기니 구민들로부터 '민원 처리가 빨라졌다'는 말을 자주 듣는다. 한 구민께서는 7년 동안 해결되지 않던 보안등 설치가 7일 만에 해결됐다면서 감사 인사를 전하기도 했다.

구민과 소통하는 외에도 도시계획이나 교통체계 개선을 위해 서울시나 경찰청 등 관계 기관과도 꾸준히 소통하고 있다. 상업지역 확대, 재개발 면적 확대, 군자역사거리 유턴차로 신설, 화양변전소 임시주차장 조성, 버스노선 개편, 지하철역 이름 변경 등 많은 변화가 소통으로 이룬 성과이다.

구청장 취임 후 3년간 소통을 통해 정말 많은 것을 배웠다. '이제는 많이 익숙해지고 많이 안다'고 느낄 때면 또 더 많은 새로운 것을 배우게 된다. 배움에는 끝이 없다는 말과 같이 구민과의 소통을 통한 배움에도 끝이 없다.

광진구의 새 역사, '종합청렴도 1등급' 달성

───── 공직자의 기본 소양 중에서도 청렴은 가장 중요한 가치라고 생각한다. 30년이 넘는 공직을 이어오며, 청렴에 대해 한 가지 분명한 확신을 갖게 되었다. 청렴은 주민들에게는 신뢰를, 직원들에게는 자부심을 의미한다는 점이다. 그렇기에 '종합청렴도 1등급'은 구청장으로서 임기를 시작하며 꼭 이루고 싶던 목표 중의 하나였다.

2015년, 광진구 부구청장으로 재직하던 당시 우리 구의 청렴도는 4등급 수준에 머물러 있었다. 청렴도를 끌어올리기 위해 많은 노력을 기울였지만 결국 3등급으로 한 단계 상승하는 결과에 그쳤다. 이후 광진구를 떠나 광진구의 청렴도 평가결과를 살펴보니 다시 4등급으로 내려가 있었는데 그 당시 광진구의 청렴도 향상은 쉽지 않겠다는 생각을 했던 기억이 난다.

매년 1등급부터 5등급까지 평가하는 국민권익위원회의 종합청렴도 평가에서 광진구는 지난 12년간 중하위권에서 답보상태에 빠져 있었다. 내부 직원을 대상으로 부정청탁, 부당지시, 인사위반, 갑질행위, 예산부당 집행 등 부패인식 정도를 평가하는 내부청렴도에서 계속 4~5등급에만 머물러 있었기 때문이다.

민선 8기 출범과 함께, 직원 간 신뢰와 소통을 바탕으로 내부청렴도 취약 분야를 개선하기 위해 다양한 노력을 기울였다. 특히 '청렴과 친절은 동전의 양면'이라는 점을 강조하며, 전 직원에게 구민을 향한 친절한 응대와 직원 간에도 친절해야 한다는 점을 강조하고 또 부탁했다.

이와 아울러, 직원들과 '좋은 친구'로 소통하기 위해 많은 시간을 할애했다. 직원이 행복해야 조직도 행복해지고, 구민들에게도 친절할 수 있다는 믿음 아래, 불합리한 관행이나 불편 사항을 자유롭게 제안하고 개선할 수 있도록 부드러운 조직문화와 쾌적한 근무환경 조성에 힘썼다. 구청장 직통문자, 소통 토크콘서트, 생일축하한데이(DAY), 친절직원 간담회 등 다양한 소통 프로그램을 통해 직원들의 생각과 감정을 나누고 이해하는 데 지속적인 관심과 정성을 기울였다. 또 시기별로 고생한 부서에는 피자를 쏘기도 했다.

이러한 변화와 민선 8기에 대한 구민과 직원들의 긍정적인 기

▲ 광진구 직원들과 함께하는 '생일축하한데이(day)'

▲ 직원들의 익명 온라인 질문에 답변하는 '소통 토크콘서트'

대가 반영되어, 2022년도 종합청렴도 2등급을 달성할 수 있었다. 청렴도평가 시작한 첫 두 해, 10여 년 전에 받았던 2등급을 달성하니 무척 기뻤지만 얼떨떨하기도 하였다.

2023년에는 보다 체계적인 청렴 시책을 본격적으로 추진했다. 우선, 다양한 이해관계자와 소통 채널을 통해 우리 구의 부패 취약 요인을 철저히 분석하고, 반부패 청렴지킴이단 운영, 조직문화 개선 TF 운영, 공공재정환수제도 교육 등 구체적인 실천 과제를 단계적으로 실행해 나갔다.

이러한 노력이 결실을 맺어, 개청 이래 최초로 종합청렴도 1등급이라는 값진 성과를 이루게 되었다. 정말 감사한 일이었다. 구민 여러분께 감사했고, 좋은 친구인 직원 여러분에게 감사했다. 또 한편으로는 '아니, 광진구가 종합청렴도 1등급을 달성하다니' 그런 믿기지 않는 기분이 들었다.

2024년도에는 기초자치단체 최초로 개발한 '광진구 부패리스크맵'이 '2024년도 국민권익위원회의 공공기관 종합청렴도 평가'에서 우수사례로 선정되었다. 이에 힘입어 2년 연속 종합청렴도 1등급을 달성하는 쾌거를 이루었다.

전체 공공기관 716개 중 2년 이상 연속으로 1등급을 받은 기관은 6곳에 불과해 더 값진 성과였다. 이와 더불어, 청렴체감도 분야에서 3년 연속으로 '업무 관련 금품 및 향응 경험 제로'는 구청장으로서 자랑하고 싶은 대목이다.

▲ 청렴혁신 브레인스토밍 대회

　이러한 성과는 단순히 구청장의 의지와 노력만으로는 불가능했을 것이다. 전 직원이 함께 고민하고, 구민 여러분께서 광진구 행정에 대한 믿음과 신뢰를 보내주셨기에 가능한 결과였다.

　청렴한 행정은 공직자들만의 노력으로 이루어지는 것이 아니라, 구민 여러분의 관심과 참여가 함께할 때 계속 빛을 발할 것이다. 앞으로도 청렴이라는 자부심이 계속 이어질 수 있도록 낡은 관행은 과감히 잘라내고, 우리 직원들과 구민들의 목소리를 광진구 행정 전반에 꾸준히 반영해 나갈 것이다.

▲ 광진구 청렴비전 지킴이 간담회

▲ 광진구 청렴 라이브 콘서트

동 지역책임제

—— '과연 구청은 우리 주민들에게 얼마나 친숙한 공간일까?' 생각해보면, 구청이라는 공간은 대부분의 주민들에게 다소 낯설게 느껴질 수 있다.

직접 방문할 일이 많지 않은 데다가, 막상 찾아가도 부서의 숫자도 많고 건물도 넓어 어디에 가야 자신이 원하는 행정서비스를 얻을 수 있는지 알기 어렵다.

이에 비해 동 주민센터는 훨씬 더 가깝고 친근한 공간이다. 집에서 몇 분이면 닿는 거리, 각종 서류를 발급받거나 구·동에서 진행하는 각종 프로그램을 신청하러 자주 찾게 되는 곳이기 때문이다.

그렇다면 이러한 동 주민센터에서 자주 발생하는 생활 민원을

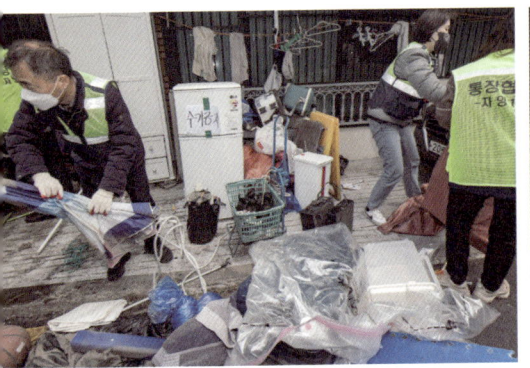

▲ 저장강박 의심가구 민원 처리

바로 처리할 수 있다면 어떨까? 구민 입장에서는 구청까지 찾아가는 부담을 덜 수 있고, 현장에서 신속하게 민원이 해결되면 행정서비스에 대한 만족도도 자연스럽게 높아질 것이다.

이러한 고민과 아이디어를 바탕으로, 광진구는 2023년 3월부터 기존 구청 부서 중심의 민원 처리 체계를 동 주민센터 중심으로 전환한 '동 지역책임제'를 시행했다. 이는 '신속민원처리제'로도 불리는 제도로, 일선 현장에서 신속하게 민원에 대응하는 취지를 담고 있다.

우선, 동별 상시 순찰을 통해 주요 생활공간을 수시로 점검하고, 민원을 선제적으로 해소할 수 있도록 했다. 단순하거나 긴급한 소규모 민원은 동에서 직접 처리하고, 청소과, 도로과, 공원녹지과, 치수과 등 관련 부서에 배정된 민원도 동과 정보를 공유해 동이 민원해결에 주도적 역할을 맡을 수 있도록 협업 체계를 구축했다.

비유하자면, 광진구 전체를 15등분해 각 동장이 '15분의 1 구청장' 역할을 하도록 한 것이다. 이를 뒷받침하기 위해 동장의 결정 권한을 넓히고, 필요한 예산도 별도로 편성해 책임과 권한을 함께 부여했다.

시행한 지 2년이 지난 지금, 동 지역책임제는 현장에서 확실히 자리를 잡았다. 그리고 동 지역책임제를 통해 지역 문제를 해결한 사례들도 점점 늘어나고 있다.

청소년 유해업소가 밀집했던 중곡1동과 3동의 골목에는 카페거리정비 추진협의회를 구성해 야간 환경순찰과 캠페인을 실시하며, 안전한 보행환경을 조성했다. 동별로 저장강박이 의심되는 가구에서는 10톤이 넘는 쓰레기를 치우며 쾌적한 주거환경을 회

▲ 중곡1동 카페골목 야간 합동순찰

복하기도 했다. 또 화양동 건대 맛의거리에서는 민·관·경이 협력해 유해 불법전단지 배포행위를 방지하고, 거리 환경을 개선하는 효과를 만들어냈다. 우리 마을을 깨끗하게, 밝게, 따뜻하게 살기 좋은 동네로 만들기 위한 동 지역책임제에 적극 협조해주신 각 동의 주민자치회를 비롯한 직능단체 회장님과 회원분들에게 이 자리를 빌려 깊이 감사드린다.

이러한 변화들은 주민들로부터도 긍정적인 반응을 얻고 있다. 실제로 2023년과 2024년, '동 지역책임제'는 구민이 직접 뽑은 광진구 10대 뉴스에 2년 연속 선정되었다. 동 업무보고회로 주민센터를 찾았을 때 "동 지역책임제로 민원서비스가 확실히 좋아졌다."는 말씀을 구민들께 자주 듣는다.

앞으로도 동 주민센터는 지역 문제를 가장 먼저 살피고, 가장 먼저 대응하는 현장 행정의 중심이 될 것이다. 주민의 불편을 가장 가까이에서 듣고, 가장 빠르게 해결하는 생활밀착형 소통행정의 출발점으로서, 그 역할과 중요성은 앞으로 더욱 커질 것으로 기대된다.

▲ 주민합동 야간순찰

> 소통하며
> 발전하는
> 행복광진
> 일꾼 김경호입니다

Part 3

광진의
꿈

우리 일상을
지키는 방파제,
지방자치

─── 모든 지표가 대한민국의 위기를 말하고 있다. 저출생과 고령화로 인해 우리나라는 2021년부터 인구 축소사회로 접어들었다. 경기둔화로 인한 내수 부진이 심화되면서 한 해 동안 폐업하는 자영업자 수가 100만에 육박하고 있다.

두 번의 대통령 탄핵을 거치며 정치에 대한 국민들의 불신은 극심해졌다. 오랫동안 우리 사회를 갈라놓았던 지역 갈등에 더해 이제는 세대와 성별 등 다양한 영역에서 분열이 일어나고 있다.

이러한 혼란 속에서도 당장 나의 출퇴근, 우리 아이의 보육, 사회적으로 취약한 이웃에 대한 복지가 중단되지 않는 이유는, 우리나라에 지방자치가 제대로 작동하고 있기 때문이다. 주민과 가장 가까운 곳에서 흔들리지 않고 신속하게 대응함으로써, 지방자치는 중앙정치의 혼란으로부터 주민의 일상생활을 든든하게 지키는 방파제 역할을 하고 있다.

내가 처음 공직 생활을 시작할 당시, 서울시장은 중앙정부에서 임명하고, 구청장은 시장이 임명하는 관선 체제였다. 중앙정부의 지시를 수행하는 관선 체제는 6·25 전쟁 이후 폐허가 된 서울을 재건하고, 1988년 서울 올림픽을 개최하기 위한 인프라를 단기간에 구축할 때에는 강한 추진력을 바탕으로 뛰어난 효율성을 보였다.

하지만 주민주권의 취지에 부합하는 풀뿌리 민주주의를 실현하고, 중앙의 과도한 영향을 줄이기 위해선 지방자치가 필수적이었다. 1995년 전국동시지방선거가 실시되면서 민선 지방자치 시대가 본격적으로 열리게 된다. 주민이 직접 정책에 참여하고, 지역 특수성을 면밀히 반영하여 맞춤형 정책을 수립하고 집행할 수 있게 되었다.

풀뿌리 민주주의인 지방자치는 주민의 자발적 참여를 바탕으로, 지방정부가 해당 지역의 정책을 자율적으로 결정하고 스스로의 책임하에 집행하도록 하는 제도이다. 이를 통해 지역의 창의성과 다양성이 존중되는 내실 있는 지방자치가 구현되며, 다원주의 정치 체제가 확립된다. 다시 말해, 주민들이 참여하고 의견을 제시할 수 있는 가장 기초적인 정치 단위인 지방정부에서부터 민주주의가 뿌리내리고 성장한다는 의미를 가진다. 우리가 일반적으로 알고 있는 중앙집권적 정치체제는 의사결정 구조가 위에서 아래로 향하지만, 지방자치는 아래에서 위로 향하는 상향식 구조를 취하고 있다. 지방자치는 단지 선거를 통해 단체장과 지방의원을 뽑는 것에 그치지 않는다. 주민이 직접 조례를 제안하고, 예산 편성과 행정 감시에 참여함으로써 정책의 수립부터 집행 결과까지 직접 관여할 수 있다.

지방자치가 진정한 풀뿌리 민주주의로 자리 잡기 위해서는, 지방정부가 실질적인 권한과 예산을 가지고 지역의 문제를 책임질 수 있도록 구조 개선이 필요하다. 지금까지 우리나라의 지방자치는 일정 수준 이상의 자율성을 보장받아 왔다. 하지만 여전히 중앙정부에 과도하게 집중된 권한 구조와 경직된 예산 체계라는 한계를 안고 있다. 인구, 산업, 환경이 제각각인 지역 실정에 맞게 사안을 다루어야 하지만 중앙정부의 일괄 지침에 따라 움직여야 할 때가 많다. 따라서 지방정부로의 권한과 재정 이양은 단순한 행정 개편을 넘어, 우리 사회가 더 탄탄한 민주주의로 나아가기 위한 토대라 할 수 있다.

지방자치단체의 역량은 이미 현장에서 충분히 발휘되고 있다. 지역의 필요를 반영한 창의적인 정책은 다른 지자체의 벤치마킹을 통해 전국으로 확산되기도 한다. 2004년에 서울시에서 시작된 버스 준공영제와 버스·지하철 통합 환승 할인정책은 오늘날 대중교통 정책의 전국 표준으로 정착했다. 횡단보도에서 신호를 기다리는 보행자를 폭염으로부터 보호해주는 '폭염 대비 그늘막'은 2015년 서초구에서 시작되어 이제는 어느 도시에서나 쉽게 찾아볼 수 있다. 또한, 횡단보도 보행자 신호등의 적색 신호 잔여 시간을 알려주는 '적색 신호 잔여 표시 신호등'은 2022년 경기도 의정부시가 처음 도입했다. 원래는 무단횡단 방지를 위한 조치였지만, 보행 속도가 느린 어르신들의 보행 안전에 효과가 있어 전국의 지자체로 확산되었다.

지방자치에는 여야가 따로 없다. 지역의 인프라 확충, 주택 문제, 유해시설 규제같이 생활에 밀접한 문제는 중앙의 정치 논리보다는 지역 주민과 가장 가까운 거리에 있는 지방자치 영역에서 더욱 실효성 있게 해결할 수 있다. 행정의 사각지대를 해소하고 지역의 역량을 극대화하는 것은 곧 국가 경쟁력 강화로 이어진다. 이는 세계화와 지방화가 조화를 이루는 '세방화(世界化·地方化)'를 실현하는 기반이 된다. 30주년을 맞이한 지방자치가 지방의 다양성과 창의성을 존중하는 실질적인 자치와 분권으로 이어지기를 기대하며, 이를 위해 적극 노력하겠다.

▲ 적색 신호 잔여 표시 신호등

▲ 자양사거리 폭염 대비 스마트 그늘막

일하기 좋고,
살기 좋고,
쉬기 좋은 광진

―― 광진구는 강북 한강 변에 자리하고 있으며, 도심 접근성과 주거환경이 우수하다. 그러나 강북 한강 변 4개 자치구 중 광진구만 제외하고 마포구, 용산구, 성동구가 '마용성'이라는 단어로 주목받고, 강동구가 기존의 강남 3구와 묶여 일명 '강남 4구'라 불리는 동안 입지가 비슷한 광진구는 상대적으로 주목받지 못했다.

다른 한강 변 자치구와 광진구의 가장 큰 차이는 아파트 비율이다. 광진구의 주택 중 아파트 비율은 2024년 기준 36.8%로 서울시 25개 자치구 중 24위에 불과하다. 아파트의 공급은 단순히 주택의 수를 늘리는 것에 그치지 않고, 주차장, 편의시설, 상업시설 등 인프라의 확충으로 이어진다. 전국적으로 학령인구가 감소하는 추세이지만, 수도권에서 학교가 신설되는 지역은 대부분 아파트가 들어서는 곳이다.

그동안 광진구의 발전을 저해했던 장애물은 상당 부분 해소했다. 지하철역 주변 상업지역을 5만 5천여 제곱미터 확대했다. 재개발 가능 면적은 재개발 요건인 접도율 기준을 4m에서 6m로 완화하여 기존의 90배를 늘렸다. 노후 저층주거지가 밀집한 지역은 신속통합기획과 모아타운으로 활력이 돌고 있다. 말 그대로 광진구를 '재창조'할 수 있는 기반이 마련된 것이다.

'2040 광진 재창조 플랜'에서 또 하나 비중 있게 다루는 것은 미래먹거리 창출을 통한 산업구조 혁신이다. 단순히 아파트만 세워진 베드타운은 성장동력이 제한적일 수밖에 없다. 고부가가치 산업과 그에 수반되는 양질의 일자리가 있어야만 균형 잡힌 발전이 가능하다.

고무적인 사실은, 최근 대기업 사옥이 광진구로 이전하고 벤처기업이 급속히 성장하는 등 광진구가 기업하기 좋은 환경으로 변화하고 있다는 것이다. 대한민국의 대표 이커머스 기업이자 '유통공룡'으로 불리는 쿠팡은 올해 본사 사옥을 광진구로 이전하기로 결정했다. 또 다른 유통 대기업인 이마트도 동서울터미널 현대화사업이 마무리되면 새로 조성되는 업무시설로 본사와 관계사를 이전할 예정이다.

경쟁력 있는 아이디어와 기술을 가지고 꿈을 키운 창업자들도

▲ 대기업 본사가 입주 예정인 자양2동 업무시설

▲ 벤처기업의 보금자리인 광진경제허브센터

광진구에서 큰 성공을 이루고 있다. 유망한 초기창업기업 또는 벤처기업에게 업무공간을 제공하고 경영컨설팅, 투자유치 등 다양한 지원 프로그램을 제공하는 광진경제허브센터에 입주한 한 입주기업은 창업 첫해인 2021년 광진경제허브센터에 입주한 뒤, 2024년까지 매출이 23억 원에서 170억 원으로 성장했다.

중곡동은 보건복지행정타운을 중심으로 첨단 의료·바이오산업을 적극 유치하여 종합의료복합단지로 육성할 계획이다. 각 권역별 중심산업이 성장하고 기업 중심의 일자리가 증가하면 직주근접(職住近接)을 원하는 주거 수요가 증가하게 되고 도시 발전으로 자연스럽게 이어진다.

주거환경과 일자리뿐만 아니라, 일상 속에서 쉽게 접근할 수

▲ 중곡동 보건복지행정타운 전경

있는 충분한 여가공간 역시 지역의 매력을 결정짓는 핵심 요소이다. 특히 일상생활권 내에서 도보 또는 대중교통으로 간편하게 이용할 수 있는 여가공간의 확보는 주민 삶의 질을 실질적으로 향상시키는 데 매우 중요하다.

광진구는 아차산을 비롯해 한강의 본류와 중랑천 등 지류를 품고 있어 자연자산을 활용한 여가공간 조성에 유리한 입지 조건을 가지고 있다. 특히 뚝섬한강공원은 지난 2024년 서울국제정원박람회의 개최지로서 총 780만 명에게 즐거움을 선사하며 광진구의 매력을 대내외에 알린 명소이다. 아차산에서 용마산으로 이어지는 등산로는 고구려 유적과 연계되어, 등산과 역사문화 체험을 동시에 즐길 수 있는 복합 여가공간으로 주목받고 있다.

이렇듯 한강 수변공원에서 시작해 아차산과 중랑천으로 이어지는 자연생태공간은 모든 계절, 모든 세대가 어우러질 수 있는 풍요롭고 여유로운 여가시간을 구민에게 제공하고 있다. 일하기 좋고(職), 살기 좋고(住), 쉬기 좋은(樂) 직주락(職住樂)이 어우러진 도시, 그것이 바로 '행복광진'이 그리는 미래이다.

▲ 2024 서울국제정원박람회

더 많이
가르쳐 주십시오

―― "소통하며 발전하는 행복광진 일꾼 김경호입니다." 구민들과 만나는 자리에서 가장 먼저 꺼내는 인사말이다. 이 짧은 문장 속에는 내가 구청장으로서 추구하는 구정 철학이 고스란히 담겨 있다.

광진구의 모든 정책과 사업은 궁극적으로 구민 한 사람 한 사람의 삶이 더 나아지도록 하는 데 그 목적이 있다. 그리고 그 출발점이 바로 '소통'이다. 구민의 목소리에 귀 기울이고, 함께 고민하며, 함께 해답을 찾아가는 과정, 이것이 곧 광진의 발전을 이끄는 힘이며, 더 나아가 행복으로 나아가는 길이라고 믿는다.

30년의 서울시 공직 생활과 서울시 농수산식품공사 사장으로 일하면서 소통의 중요성을 뼛속 깊이 체감해왔다. 소통에 기반하지 않은 행정은 탁상공론에 불과하다. 책상 위에서만 구상한 계획은 시민의 바람이나 현장의 현실과 괴리가 크고, 실현 가능성도 낮다는 사실을 수많은 경험을 통해 분명히 깨달았기 때문이다.

이러한 신념을 바탕으로, 구민의 목소리가 쉽게 전달되고 행정이 신속히 반응할 수 있도록 다양한 소통 채널을 구축하였다. 그중 대표적인 것이 바로 '구청장 직통문자(010-5266-9609)'이다.

아침에 출근해서 제일 먼저 하는 일은 '구청장 직통문자'로 들어온 민원을 살펴보는 것이다. '바로 해결할 수 있는 것은 빨리 처리하고, 시간이 걸리는 사안은 별도로 계획을 세워서 보고해 달라'고 지시하며 매일 꼼꼼히 챙기고 있다. 지금까지 접수된 의견은 6,300건이 넘고, 주차, 교통, 청소, 도로, 가로정비 등 구민의 일상과 가장 밀접한 분야의 목소리가 주를 이룬다.

또한, 수시로 학교, 시장, 골목, 공원, 경로당 등 현장을 찾아다니며 구민들과 소통하고 있다. '광진구의 문제와 해결책은 구민들이 제일 잘 알고 있다. 구민들이 구정의 전문가이다'라는 생각으로 현장에 나가 구민들을 만나 이야기를 듣고, 현장에서 제기된 문제들을 하나씩 해결해 나가며, 해답은 결국 현장에 있다는 사실을 거듭 깨닫게 된다.

이처럼 다양한 방식의 소통은, 그간 풀기 어려웠던 숙원 사업들을 하나둘씩 해결하는 성과로 이어졌다. 물리적 충돌 없이 진행된 노점 정비, 마을버스 정류소 신설, 화양변전소 부지에 조성

▲ 현장으로 나가 구민의 이야기를 듣는 '골목경청'

▲ 학교환경개선을 위한 학부모 간담회

▲ 한전부지 임시주차장 조성 관련 주민설명회

한 임시 공영주차장 등이 대표적인 사례이다.

소통에 따른 변화는 구민들이 직접 체감하고 있다. 실제로 "광진구가 빨라졌다.", "얘기하면 즉각적으로 반응이 온다.", "예전보다 훨씬 깨끗해졌다."는 구민들의 칭찬의 말들이 곳곳에서 들려온다.

앞으로도 '소통에 진심이었던 구청장', '일 잘하는 구청장'으로 기억되기 위해 더 소통하고 더 배울 것이다. 이와 아울러, 현장 소통 과정에서, 고된 일상에도 불구하고 웃음 가득 밝은 모습으로 반겨주시고 의견 주신 구민들과 애써준 좋은 친구 직원들에게 감사한 마음을 전하고 싶다.

"정말 감사합니다."

소통하며 발전하는 행복광진
일꾼 김경호입니다

초판 인쇄	2025년 10월 25일
초판 발행	2025년 10월 30일

지은이	김경호
펴낸이	一庚 張少任
펴낸곳	답게
등록	1990년 2월 28일, 제-140호
주소	04975 서울특별시 광진구 천호대로 698 진달래빌딩 502호
전화	(편집) 02)469-0464, 02)462-0464
	(영업) 02)463-0464, 02)498-0464
팩스	02) 498-0463
홈페이지	www.dapgae.co.kr
e-mail	dapgae@gmail.com, dapgae@korea.com
ISBN	978-89-7574-376-4 (03810)

© 2025 김경호

나답게 • 우리 답게 • 책 답게

• 책값은 뒤표지에 있습니다.
• 잘못 만들어진 책은 구입하신 서점에서 교환해 드립니다.